JN321373

Cognitive Behavioral

Therapy for Anger

子どもの怒りに対する認知行動療法ワークブック

デニス・G・スコドルスキー＋ローレンス・スケイヒル｜著
Denis G. SUKHODOLSKY + Lawrence SCAHILL

大野 裕｜監修　坂戸美和子　田村法子｜訳

and Aggression

in Children

Cognitive Behavioral Therapy for Anger and Aggression in Children
by Denis G. SUKHODOLSKY, Lawrence SCAHILL

Copyright © 2012 The Guilford Press
A Division of Guilford Publications, Inc.

Japanese translation rights arranged with
The Guilford Press, A Division of Guilford Publications, Inc.
through Japan UNI Agency, Inc., Tokyo

監修者序文

　本書は，近年話題になることが多い子どものアンガー・マネジメントをどのように行うかを具体的に示したものだ。本書の中心的な内容は，怒りの原因を探るというより，どのように怒りに対処するかが中心になっている。

　コミュニケーションの基本的姿勢として，「why question ではなく how question」が大事だということはよく知られている。何か好ましくないことが起きたとき，「なぜ」それが起きたのか，原因を探って解決を図ることは大切だ。しかし，その原因がわからないことも多い。怒りなどの強い感情が動いたときには，とくにそうである。そうしたときには，「なぜ」と問いかけても答えは見つからない。

　自分の心の中で考えていて答えを見つけられないと，惨めな気持ちになる。まわりの人から「なぜ」と尋ねられると，責められているように感じてしまう。そうすると，イライラして，さらに怒りが強まることにもなりかねない。

　こうした悪循環に陥らないためには，how question，つまりどのようにすれば良いかを考えてみるようにした方が良い。そうすることで，感情に巻き込まれない自分を作り出すことができる。感情の波に巻き込まれないで，その波に上手に乗ることができれば，次に進んで問題に取り組むことができるようになる。

　もっとも，本書で対象にしている子どもの場合には，自分の力だけで状況を乗り越えることは難しい。その場合には，まわりの人たちに手助けを求める必要がある。もちろん，まわりの人との人間関係が気持ちに影響していることも多い。そうした中でどのように人間関係を持つようにするか，その具体的な方策を身につけることも役に立つ。

　なかでも，親との関係は重要だ。ところが，怒りなどの感情を上手にコントロールできないでいる子どもを前に，どうすれば良いか困惑している親は少なくない。その親の気持ちが子どもの気持ちや行動に影響していることも多い。そうしたときには，親へのアプローチが必須になる。

　ここまで書いてきたような方策は，福祉や医療，教育の現場で活動されてきた方々は，ごく当たり前にやってきていたものだ。本書では，その方策を具体的な形にまとめ，ステップを踏んで身につけていけるようになっている。

　現代社会で，本書のテーマである子どもの怒りに対処しなくてはならない場面は数多くある。本書で紹介した方策を，病院，学校，児童相談所，児童養護施設，児童自立支援施設，情緒障害児短期治療施設（情短）などの，医療・教育・福祉機関，さらには，子育ての悩みを抱えている家庭で活用していただけることを願っている。

　　　　　　　　　　　　　　　一般社団法人認知行動療法研修開発センター　理事長　**大野　裕**

序　文

　子どもが，メンタルヘルスサービスを受ける理由で最も多いのは破壊的行動の問題である。本書は8～16歳の子どもが，怒りの感情，攻撃性，イライラ感，指示に従わないことに対して，個人を対象に認知行動療法を実施するためのマニュアルである。認知行動療法が目的とするのは，小児期の破壊的行動に関連した，社会的問題解決スキルを養うことと感情をうまく調節できるようになることである。本治療で，子どもたちが学ぶのは，自分の感情の覚醒をモニタリングし，フラストレーションやイライラ感をマネジメントするために認知的および行動的な感情調節スキルを用いることである。子どもたちはまた，問題解決のステップを用いることも教えられる。それは，問題を同定すること，解決を創出すること，およびその結果を評価することであるが，それらは葛藤が生じた時に，適応的な反応ができるようになるために用いられる。子どもたちはまた，それに気づき，仲間にからかわれたり，大人から叱責されたりするような挑発に対し，適切に反応できるように練習することも勧められる。認知行動療法は子どもと行うものではあるが，実際の治療では親の役割も多く，子どもが治療で学習したスキルを練習する機会を持ったり，攻撃的でない行動を賞賛したり，報酬を与えたりする。

　イントロダクションには，破壊的行動をアセスメントするための指針，認知行動療法の基礎理論と研究のエビデンスを載せた。本マニュアルには，全部で10の治療セッションがあり，治療目標や，それに対応する治療技法やそこで行うことが記されている。それぞれのセッションには，セラピストのための台本があり，また，柔軟かつ信頼性の高い治療を行うためのガイドラインも掲載した。マニュアルにはまた，40以上の，図解入りのワークシートもあり，それらを用いて子どもの治療を進めることができるようになっている。最後に，臨床家がプロトコールを確実に遵守しているかどうかをモニタリングできるよう，「治療の厳密性のチェックリスト」を掲載した。

　本書は，精神病理的な背景を持つ子どもを治療する臨床家のために作成されたが，心理士，精神科医，ソーシャルワーカー，精神科看護師，また，子どものメンタルヘルスに関わる，他の専門職にも役立つであろう。本書の，認知行動療法を活用したアプローチは，メンタルヘルスに関連した外来場面や入院，また，学校や少年司法プログラムで，また，他の破壊的行動のために心理療法やカウンセリングを受ける子どもに対する治療としても活用できる。

謝　辞

　本治療は，精神神経医学的障害を持つ子どもに対する，約20年にわたる行動的介入の臨床実践や臨床研究から生まれた。

　本書に全員の名前を載せることはできないが，我々は多くの同僚たちに深く感謝する。Howard Kassinove は，Hofstra University 内の Institute for the Study and Treatment of Anger and Aggression の教授であり，怒りとその治療についての我々の考えを形づくるのに重要な役割を果たしてくれた。Hofstra University の，Mitchell Schare, Robert Mortta, Bernard Gorman, そして Sergei Tsytsarev は初期の治療の構築と予備研究とメタ解析のレビューにおいて評価に貢献してくれた。Ross Solomon, Sammy Richman, Igor Davidson, Arthur Golub, そして Jeff Kassinove は，初期において共同研究をし，公立学校や大病院の外来と入院病棟において臨床上のアプローチをともに行った。また，アラバマ大学の John Lochman と Long Island University の Eva Feindler にも大いに感謝する。彼らは，子どもと若者に向けた怒りのコントロールのトレーニングにおける我々の研究に基礎となるものを提供してくれた。

　The Yale Study Center は，精神精神医学的な障害を抱える子どもたちへの治療アプローチを作成し，研究を行ってきた。James Leckman, Robert King, Paul Lombroso, Lawrence Vitulano, Heidi Grantz, Lily Katsovich, そして Virginia Eicher にも感謝する。彼らにはトゥレット症候群の子どもや若者への本治療を実施・評価するのを手助けしてもらった。Alan Kazdin には，Yale Child Study Center に Director として勤務する傍ら，本 CBT プログラムの，問題－解決の構成を極める中で価値ある助言をもらった。Roumen Nikolov, Vladislav Ruchkin, そして Elena Grigoreko とは，少年司法制度において CBT を適応するにあたり協働した。Andres Martin と Laurie Cardona には，Yale Children's Psychiatric Inpatient Unit にて，怒りのコントロールの実践を励ましてもらった。Joseph Woolston と Chritine Dauser とは，外来診療で，本治療を適用することについて議論が繰り広げられた。また，最近では，我々は，本治療を，指示に従わない子どもやイライラ感で様相が複雑化している高機能の，自閉症スペクトラムの子どもへの治療として予備的に進行させているが，これらの努力は，Fred Volkmar, Kevin Pelphrey, James McPartland, Kathy Koenig, Michail Crauley そして Linda Mayes らにより支持されてきた。また，Julie Wolf と Pamela Ventola にも感謝したい。彼らは研究の参加者の臨床評価をしてくれた。Joseph McGuire, Allison Gavaletz, Christopher Bailey そして Avery Vools は，研究のコーディネートを，Jia Wu と Danielle Bolling は，データ解析をしてくれた。また，National Institute of Mental Health と Toulette Syndrome Association にも，我々の研究を支持してくれたことに感謝したい。Guilford Press の Kittty Moore, Alece Broussard そして Laura Specht Patchkofsky には，編集上の指示と構成上の批

評をもらい，本書の内容と構成が大幅に改善された。最後に，Danielの妻のMiyunと彼らの子どもたち，Alexander, Andrew，そして，Larryの妻Sallyと彼らの子どもたち，KatherineとSylvia，我々の家族の愛と彼らが支えてくれたことに大いに感謝を捧げる。Denisは彼の両親，LarisaとGennadiに格別の感謝を捧げる。彼らは息子に心理学と研究に対する情熱を注ぎ込んできたのだから。

目　次

監修者序文 3
序　文 5
謝　辞 7

イントロダクション 13
破壊的行動のタイプ 13
性　差 17
本マニュアルの目的と構造 18
怒りの感情と攻撃性についての関連するモデル 20
アセスメント 22
治療的アプローチ 25
怒りと攻撃性に対する認知行動療法の効果 29
本マニュアルの遵守と治療の厳密性を保つこと 30

モジュール1：怒りのマネジメント 33
セッション1. 認知行動療法の紹介と怒りについての教育 35
セッション2. 自己教示とリラクゼーション 45
セッション3. 感情調節 56

モジュール2：問題解決 67
セッション4. 問題の同定と特質 69
セッション5. 解決を生み出す 81
セッション6. 結果を評価する 89

モジュール3：ソーシャル・スキル 97
セッション7. 仲間の怒りがわきおこった時のために対処の型を作る ... 99
セッション8. アサーション・トレーニング 110
セッション9. 大人との葛藤を解決するためのソーシャル・スキル 121
セッション10. 振り返りと結論 135

親セッション 141
親セッション1 143
親セッション2 147
親セッション3 150

付録 1. クライエント用ワークシート ……………………………………………… 153
付録 2. 破壊的行動評価尺度（DBRS）………………………………………… 194
付録 3. 家庭での状況についての質問票（HSQ）……………………………… 195
付録 4. 怒りのマネジメント・スキルのチェックリスト ……………………… 197
付録 5. 治療の厳密性のチェックリスト ………………………………………… 199

文　献 …………………………………………………………………………………… 211
索　引 …………………………………………………………………………………… 217
訳者あとがき …………………………………………………………………………… 219

子どもの怒りと攻撃性に対する
認知行動療法ワークブック

イントロダクション

　「怒り」とは，児童思春期における様々な破壊的行動に話がおよぶ時によく出てくる言葉であるが，それは，自然にわきおこった感情が爆発すること，いさかい，身体的攻撃，不服従などにつながる概念である。このような行動には，日常生活の中では，それほど珍しくもないものもあり，特に成長過程においては，どの子どもに起こってもおかしくないことである。就学前の子どもが時にかんしゃくを起こすこと，兄弟との遊び方が無鉄砲すぎることなどは，とりたてて特別なことではない（Javis, 2006）。しかしながら，それが頻繁であったり，また，立て続けであったり，激しいものである場合には，たとえ子どもであったとしても，深刻な，社会的・臨床的な問題を引き起こす。例えば，ある調査では，過去に暴力を受けた経験について尋ね，思春期の子どものうち36％が，過去12カ月間に体を使ったけんかをした経験があり，3.6％はけがをして病院で手当てを受けた，と回答を得たとしている（Eaton et al., 2006）。破壊的行動が，メンタルヘルス機関への紹介理由であることは多く（Armbrustere, Sukhodolsky, & Michalsen, 2004），また，身体的暴力が精神科病棟への入院の理由となることも多い（Rice, Woolston, Stewart, Kerler, & Horwitz, 2002）。さらに，子どもの，通常では見られないような精神状態が，強い怒り，イライラ感，破壊的行動と関係している場合もある。

破壊的行動のタイプ

　小児期や思春期の破壊的行動には様々なタイプのものがあるが，過度に強い，(1) 怒り，(2) 身体を使った攻撃，(3) 指示に従わない，の3つは，中でもよく見られるタイプとしてあげられる。破壊的行動をこれら3つのタイプに区別することは，その行動を理解するのに役立つが，実際には，区別されないことが多く，それは，専門家であっても非専門家であっても一緒である。

怒　り

　怒りは，身体的覚醒度の変化であるとも，罪悪についての思考が変化したものであるとも考えられる（Berkowitz, 1990）。ある調査によれば，怒りは，人が抱く基本的な感情の1つであり，健康な成人は，平均して，週に1度か2度怒りを表し，その怒りは約30分間続くという（Averill, 1983; Kassinive, Sukhodolsky, Tsytsarev, & Solovyova, 1997）。怒りの強さには，軽い苛立ちから，激怒，憤激まで様々な段階がある。怒りの

本書における「子ども」とは，小児と若者の両者をさし，発達上の差異は考慮していない。

体験を因子分析により解析したある研究では，内的な感情と怒りの表出とは，怒りの感情を外に向けて発散するか，内に抑制するか，怒りに対して積極的に対処するかで分けられ，それは個人の持つ傾向により決まってくると報告した（Spielberger, 1988）。一方で，怒りの感情は，しばしば，身体的攻撃，言語による攻撃によってあらわにされ，例えば，大声をあげたり，口汚く罵る（profanity）ことによって怒りを表現する人もいる。それに対し，健康的な大人は，怒りを感じた時，それを言葉で表現したり，問題を解決したりすることで怒りの気持ちをしずめることが多いことが複数の研究で明らかになっている（Kassinove et al., 1997）。すなわち，意外かもしれないが，たいていの大人は，怒りを感じた時には，怒鳴ったり言い争ったりせず，静かに話をしたり，怒りの原因となったことを解決して気持ちをしずめているのである。

過去には数多くの才ある人——例えば，アリストテレス，ダーウィン，フロイトなど——が，怒りとはいかなるものなのか，また，心理学におけるその位置づけについて述べている。しかしながら，怒りについての実証研究が飛躍的に進歩したのは，実は，最近20年のことにすぎないのである。これらの研究から，怒りの現象についての理解が広がりを見せ，同時に，アセスメントと治療のためのツールが開発されてきた。これまで，怒りについての研究により，いくつか重要なことがわかっている。例えば，怒りの表情の認識は世界共通であること（Ekman, 1993），過度に強い，慢性的な怒りは，心血管系の疾患のリスク要因となること（Suls & Bunde, 2005）などである。しかし，怒りについての定義はいまだ一致をみず，それは，社会的役割という視点や，非難されるべきことであること，攻撃についての理解などをもとにとらえられてきた。1つの見方として，怒りを一時の感情状態としてみる見方があり，怒りには様々な程度の強さ（軽い悩みから激しい怒りまで），持続時間（わずかな瞬間から数時間まで）があるとする（Kassinove & Sukhodolsky, 1995）。

一方，発達的視点から見ると，怒りの表現方法は多様であり，それは，その子どもが発達段階のどこにいるかによって異なってくる。例えば，怒りの表情は，おおよそ2カ月の乳児でも表すことがある。自我の目覚めと言葉の発達は，怒りと，他人に対する感情のコミュニケーションの，さらに先にあるものである。2歳半までに，たいていの子どもは，自らの情緒的体験を他者に伝えようと，怒りの感情を，言葉を用いて表現するようになる。かんしゃくは，18カ月から4歳の子どもにおいてはよくあることであり，足で踏みつけたり，押したり，叩いたり，蹴ったりすると気持ちがしずまる。1～4歳の子どもを持つ349家族を対象としたある調査で，かんしゃくの平均頻度は，週に5～9回，平均持続時間は5～10分であるということがわかった（Potegal & Davidson, 2003; Potegal, Kosorok, & Davidson, 2003）。年齢とともに，かんしゃくは改善し，長くは続かなくなるものであるが，一方で，健康な子どもであっても，親がかんしゃくと呼ぶ行動をとり，怒りや欲求を伝えることもまた多い。これは，成長とともに，感情を調節する方法と，社会的に適切とされる怒りの表し方を覚えるにつれ減っていく

(Blanchard-FieLds & Coats, 2008)。

　コントロールできないほどの強い怒りが爆発するならば，たとえ年少者（例えば就学前など）であったとしても，臨床的関与が必要となるかもしれない（Wakschlag, Tolan, & Leventhal, 2010)。刺激が些細であるにも関わらず，その反応として，大きな怒りが爆発し，それが週に１回以上起こるならば，学齢期の子どもや思春期の若者であっても治療せねばならないかもしれない。そのような怒りの爆発の，感情的な強さや「爆発性」の水準により，子どもの，重症の感情制御の障害は，「憤激（rages）」あるいは「憤激発作（rage attack）」と呼ばれてきた（Carlson, 2007)。

　爆発的な激しい怒りかたやイライラ感が長びくことは，破壊的素行障害，気分障害，自閉スペクトラム症，チック症群など，様々な精神障害で起こる。近年，子どものメンタルヘルス領域では，イライラ感が続いたり，爆発的な衝動行動が見られる時には，双極性障害を患っている可能性があるといわれている（Wozniak et al., 1995)。また一方で，双極性障害は，本質的には，本人の生まれ持った性質のその時々の表れであるのに対して，慢性的なイライラ感は，感情の調節能力がうまく働かないことによるという説もある（Leibenluft, Blair, Charney, & Pine, 2003)。まだ結論は出ていないものの，最近10年間で，双極性障害と診断された事例においては，このような報告が増えていることは確かである（Pavuluri, Birmaher, & Naylor, 2005)。この議論に応えて，現在，2013年に出版予定の「精神疾患の診断・統計マニュアル」(Diagnostic and Statistical Manual of Mental Disorders（DSM-5）では「不快気分を伴った気質調節障害（Temper Dysregulation Disorter with Dysphoria）」という新たな診断カテゴリーが提言されている(訳者注：DSM-5は2013年に出版済である。DSM-5では「重篤気分調節症(Disruptive Mood Dysregulation Disorder)」に変わっている)。本障害は，日常よくあるようなストレスであるにも関わらず，反復的に爆発し，その反応はあまりにも大きく，重大であることをその特徴とする。

　本書での認知行動療法（CBT）においては，怒りの感情についての教育と，それにつながる思考と行動は重要である。マニュアルの，最初の２つのセッションは，「怒りのエピソード」モデルにより，すべての怒りの体験を，６つの構成要素［きっかけ，思考，気持ち（感情），ルール，行動，結果］に分ける。このモデルは，怒りに対する社会構成主義によるアプローチを原点とし，不快な怒りの感情を軽くすることにより破壊的行動を減らすことを目的に，異なる技法を統合したアプローチをとる。子どもが，自分の気持ちを細かに話すのを嫌がる場合には，簡略化されたA−B−Cアプローチ（先行事象（antecedent）−行動（behavior）−結果（consequence））を用いることもでき，強い怒りをみせたきっかけとそれが生み出した結果について考えることになる。

身体的攻撃

　怒りは，感情，すなわち，内的な現象としてみることができるが，それは狭い見方で

あるといえるかもしれない。攻撃は，自分自身や他者を傷つける結果を生むこともある。攻撃には，衝動，反応，敵意，感情的になる，など様々な形があるが，すべて，怒りの感情の表れである。それらはすべてが好ましくないとは一概にはいえず，現実に役立つこともある。また，攻撃には，先を見越して計画されたものもあり，そのような場合には，怒りにより「刺激」を受けたともいえる（Vitiello & Stoff, 1997）。また，議論，けんかなどのような，互いに対立する反社会的行動を，うそをつく，窃盗，規則を破るなどの，攻撃的でない反社会的行動と区別することもある（Achenbach, Conners, Quay, Verhulst, & Howell, 1989; Frick et al., 1993）。身体的攻撃があることは，低年齢で素行症（行為障害）をもつリスクを上げること（Lahey et al., 1998）や，後に暴力的になりやすいこと（Lipsey and Wilson, 1998）がわかっており，また，AD/HD や不安などのようなメンタルヘルス上の問題が生まれやすいことも明らかとなっている（Loeber, Green, Kalb, Lahey, & Loeber, 2000）。身体的な攻撃をする子どもと，非攻撃的な反社会的行動をとる子どもとでは，発達の軌跡が異なり（Maughan, Rowe, Pickles, Costello, & Angold, 2000; Nagin & Tremblay, 1999），またそのような子どもは，後に暴力的な犯罪（criminal offences）を起こす傾向があることもわかっている（Kjelsberg, 2002）。

　本書で示した治療プログラムでは，子どもたちは問題を解決したり，また，攻撃行動の引き金となる状況を予測し，それをどのようにすればあらかじめ防ぐことができるのかを教えられる。本書の治療は，これまで，子どもの攻撃行動のうち，押す，叩く，蹴るなどのような，それほど重大な結果にはならない行動を改善することに効果を上げてきた。このような行動のために，子どもが，困難に陥り，精神的な治療を受けることを勧められることはよくあるが，それは，重大な暴力行動や，若者の犯罪行動と区別しなければならない。自他への暴力の危険がある時には，必ずリスクについてアセスメントしなければならない。アセスメントは，意図的であるか，過去の暴力行為の存在，現在の脅威の性質，武器への接近，現在の指導の効果などについて行われる（Borum, 2000; Borum, Fein, Vossekuil, & Berglund, 1999）。臨床家は，一方で，アドヒアランスに配慮しながら，問題をアセスメントし，どのような段階を踏んで治療が進められていったのかについて記録しなければならない（Ash & Nurcombe, 2007）。

指示に従わないこと

　子どもにおける「従わない行動」とは，指示や決められたルールに従うことを拒絶する，日々の活動で，大人とけんかすること，などのことである（McMahon & Forehand, 2003）。一般に，親や教師が「子どもが指示に従わない」と訴えることはよくあることであるが，それは臨床場面でみる子どもにおいてもやはり同様である。特に破壊的素行症や発達障害の子どもでは，それはよりきわだっている（Benson & Aman, 1999; Keenan & Wakschlag, 2004）。指示に従わないのは，反抗挑戦性障害における本質的な特徴であり，権威のある人に対して反抗的になること，従わないこと，敵対行動をとっ

たりすることなどをいう。指示に従わない例としては、例えば、家の中での手伝いや宿題など、自分に期待された行動をとることを拒む、テレビや、ビデオゲームなどを途中でやめるように言われるとそれを拒むなどが挙げられる。「聞いていない」と、両親の言葉を無視したり、言い争いにひきこむ、文句を言う、無視して答えないなどは臨床場面ではよくみられる。従わないことと攻撃的であることが重なることはしばしばあるが、それらは実は、違うタイプの破壊的行動であり、それぞれに異なった治療法がある可能性もある(Sukhodolsky, Cardona, & Martin, 2005)。この治療マニュアルには、子どもが、親の言葉に従わない事態を減らすことができるよう、話の上手な聞き方やコミュニケーションスキルなども含め、幅広い内容のものとした。

性　差

　怒りの感情や攻撃性がいかにして形成されるのか、それには性差があることがわかっている。例えば、学童期の男児は女児に比べ、身体的攻撃を仕掛けたり、教師や親により、「怒っている」とレッテルを貼られることが多い。破壊的素行症の発症率は女児に比べ、男児の方がより高い。例えば、一般人口におけるある調査では、9〜16歳の子どもの、反抗挑戦性障害の発症率は、男児では3.1％、女児では2.1％であり、行為障害の発症率は、それぞれ4.2％、1.2％であった（Costello, Mustillo, Erkanli, Keeler, & Angold, 2003）。行動に問題がある子どもの発達過程は男女間で異なるというエビデンスがいくつかある。行為の問題が生じる年齢の平均値は、女児の方が男児よりも高い。またいくつかの研究では、発症年齢が遅いことは予後が良好であることと関連することを見出した（Fergusson & Horwood, 2002）。しかしながら、発症年齢が遅くとも、素行症（行為障害）を伴う女児は、年少の頃から反社会的行動を示す男児と同様に、望ましくない結果になるかもしれないとも言われている（Silverthorn & Reid, 1999）。近年、少年司法制度の領域において、非行行動のみられる女児への関心が高まりつつある。これについて、これまで直接の調査がなされたのは、オレゴン多次元治療里親ケアモデル（Oregon Multidimensional Treatment Foster Care Model）においてのみであるが、そこでは、女児の重度の反社会的行動の問題について調査が行われた（Leve, Chanberlain, & Rei, 2005）。怒りと攻撃性のための認知行動療法への女児らの反応は、男児のそれとは違うのだろうか？　それについての大規模調査の実施が今求められている。我々は、思春期の子どもの怒りの感情をコントロールするための40の認知行動療法の無作為化試験のメタ解析を行った結果、研究サンプルにおける女児の割合は、本研究におけるエフェクト・サイズの大きさと正の相関を示すことを見出した（Sukhodolsky, Kassinove, Gorman, 2004）。つまり、研究に女児が多く参加していることは、より良い結果を生んだのである。我々の臨床ではまた、怒りと攻撃性のための認知行動療法を前向きに受け止めるかどうかについても性差は認められなかった。我々が組み入れた研究

の大部分は，男女両方を対象としたマニュアルを使用しているが，これまでのいくつかの研究では，女児を含んでいるものもある。しかしながら，「彼または彼女」という言い方は煩雑なので，我々は，本マニュアル全体を通じて，「彼」と表記した。破壊的素行症は男児においてより多いというのがその理由である。

本マニュアルの目的と構造

　本書は怒りと攻撃性のための認知行動療法のマニュアルであるが，ここでの認知行動療法は，個人を対象とした精神療法である。対象は，重症レベルの怒りと攻撃性を示し，指示に従わない8～16歳までの子どもと思春期の若者である。これは，認知行動療法の実践について，これまでもっともよく研究されてきた年齢層と一致する。より小さな子どもの場合には，ペアレント・トレーニングの方がより効果をあげるようである。怒りに対する認知行動療法アプローチ（Kassinove & Tafrate, 2002）は，もともと成人を対象として発展を遂げてきたので，思春期の中でも，より年長の子ども（17歳以上）にむいているようである。本治療は，DSM診断における特定の障害を対象とはしていないが，行動の問題は，精神疾患の部分症状である可能性もある。怒りの感情を示すことや指示に従わないことは，反抗挑戦性障害の中核症状であり，ADHDや素行障害に関連していることがしばしばある（American Psychiatric Association, 2000）。イライラ感や，爆発的な怒りは，気分障害（Weisbrot & Ettinger, 2002）や不安（Babier & Drabick, 2009），広汎性発達障害（Kraijer, 2000）のきわだった特徴でもある。診断的アセスメントにより精神病理が明らかにとなり，困難な症状に対する治療方針の選択のための指針が得られる。

　本書の認知行動療法プログラムは，他の，複数の併存障害に対する心理社会的治療や薬物療法と組み合わせて行うこともできる。また，破壊的な問題行動が，その子どもの唯一の臨床的な問題である場合には，本プログラムのみで治療することもできる。我々は，どのような治療が求められるのかを書き留めておかねばならない。それらの治療の1つの例として，マルチシステミック・セラピー（MST）がある。怒りの感情に対する，外来場面における認知行動療法は，重度の素行症や若者の非行に対して行われる，幅広い治療の1つとなるかもしれない。行動の問題には，様々なタイプがあり，それには，放火なども含まれるが，それはまた，別に専門化された治療が必要とされる（Kolko, Herschell, & Scharf, 2006）。ささいなことで怒りをおぼえやすい子どもに，注意欠如・多動性障害（AD/HD），大うつ病性障害，自閉症などの精神疾患が併存していれば，これらの疾患に対する医学的管理が必要であるかもしれない。もしも，これら一次的精神疾患に対する医学的な管理が2，3カ月なされた後でも，怒りの感情や攻撃性が重大な問題として残っているならば，その子どもが一次診断に対する治療として受けている薬物療法や他の治療に加えて，これらの行動の問題に対して，認知行動療法を行うこと

を候補にあげるべきであるかもしれない。

　本マニュアルは10セッション，3モジュールから構成される（怒りのマネジメント，問題解決，衝突場面の予防や解決のためのソーシャル・スキル）。セッションは，週に1度，各回1時間程度となっている。セッションは連続的，相補的な構成要素とスキルから成る。そこでは，患者が，知識を徐々に身につけるように導いていく。各セッションの指針では，そのセッションでの目標を6〜8個挙げている。これらの目標は，そのセッションで，セラピストが達成せねばならない課題である。各セッションの中で，治療の実践はすべてセクションに割り振られ，セッションの目標に対応するように番号がふられている。各々には，最初に，セラピストにむけて大枠が示され，次に，患者への提示方法の例が，異なる書体で書かれている。セラピストはセッションの最中にマニュアルを読むことはしてはならず，自分の言葉で子どもを治療していかねばならない。それは，そうすることにより，治療が自然なものとなるからである。しかしながら，セラピストが，テキストの内容を，一言一句そのままか，もしくは言い換えて，必ず入れなければならない重要なポイントがいくつかある。セラピストは，患者の発達段階，患者の協力度，現在の興味，目標となる破壊的行動の様子などに応じて，取り組むことを選んでいかねばならない。

　各セッションの終りには，子どもにホームワークが出されるが，それは，セッションの中で話し合われたスキルを練習するためである。本プログラムにおけるホームワークは本書に収載してある（付録1を参照のこと）。子どもたちは，セッションで使用したワークシートを，セッションで取り組んだことを思い出すために，自宅に持ち帰ることもできる。しかしながら，私たちは，以前，患者や研究の参加者に学習教材と一緒に一冊のバインダーを携帯させるという方法をとってみたこともあるが，子どもたちはその時，このバインダーを持ち運ぶことを忘れたり，また，忘れることが続いたり，もしくは紛失したりした。それらの経験を経て，私たちは，毎回新たな紙のワークシートを渡し，次のセッションで子どもがそれを持ってきたら大いに褒め，そして紙に書いてある課題を実行するということをくり返すこと，そして，それらを集めて，ファイルにとじるという方法が，最も現実的であるとの認識に至った。

　計10回の子どもセッションに加え，我々は，計3回，各30分の親セッションを実施する。そこでは，情報を集め，親に対し，治療について教示し，また，子どもが家で，新たなスキルを実践することを励ますよう促す。最初の親セッションは，最初の子どもセッションより前に行う。2回目の親セッションは，子どもの治療の中盤で行う（例えば，第5セッションの前後など）。3回目の親セッションは，子どもの最終セッションの前後に行う。我々はまた，本プログラムの「治療的アプローチ」のセクション中で親マネジメント・トレーニング（PMT）についての簡単な説明を行うが，構造化されたPMTは，本マニュアルには載せていない。PMTについては，優れた書物がいくつかある（Barkley, 1997; Kazdin, 2005; McMahon & Forehand 2003）。

本マニュアルは，神経・精神疾患を患う子どもを対象にした行動療法について，継続的な調査を行うために作成された（Schahill et al., 2006., Suksky, Kassinove, & Gorman, 2004; Sukhodolsky & Ruchkin, 2006; Suhodolsky, Solomon, & Perine, 2000; Sukhodolsky et al., 2009）。これまで私たちは，研究対象としたセクションの効果について，その合理性とエビデンスについて議論をくり広げてきた。怒りのコントロールを目的としたものには，優れたものがいくつかあるが（Feindler & Ecton, 1986; Keller, 2001; Lochman, Wells, & Lenhart, 2008），大方は，学校や入院場面で利用するグループ療法である。それに対し我々のマニュアルは，週に一度の個人に向けた精神療法の形をとった認知行動療法である。我々は，子どもと思春期の若者に向けた，外来患者へのメンタルヘルス・サービスとして，怒りと攻撃性のための，エビデンスに基づいた個人療法により，これまでの治療における重大な欠陥が埋まることを期待している。他に，本書の注目すべき特徴としては，治療が柔軟かつ信頼性のある内容であることが挙げられる。また本書には，マニュアルを遵守しているかどうかを評価する際に用いる Treatment Fidelity Checklist（治療の厳密性のチェックリスト（付録5を参照のこと））を掲載した。信頼のおける治療を行うには，本尺度を用いることは重要となる。それと併せて，訴えに合った，また，動機や発達上の特徴にも合った治療目標を掲げて，それに向けて取り組みを選ぶなど，柔軟な治療を行う。

　本治療プログラムは，子どもの精神病理や行動療法についての素養を背景に持つ臨床家に向けたものであるが，我々はさらに，心理士，精神科医，ソーシャルワーカー，精神科看護師，また子どもの健康保健に携わる他の職種の専門家も利用することを期待している。

怒りの感情と攻撃性についての関連するモデル

　本認知行動療法プログラムの基礎的アプローチは，以下に掲げる，怒りの感情と攻撃性についての3つの系統の研究をもとに作成された。まず1つ目は，行動的，学習的アプローチであるが，ここでは，攻撃性の概念が，強化についての歴史をもとに形成されている。2つ目は社会的情報処理アプローチであるが，ここでは，攻撃性は，認知の欠損と歪みから生まれるとみなされている。三番目のアプローチでは，感情の過覚醒に焦点を当て，攻撃行動は，怒りの感情が媒介して起こるとみる。

　行動と学習のモデルでは，攻撃を，古典的条件付け，オペラント条件付け，観察学習の観点から説明する。最初期の理論の1つ，欲求不満・攻撃性仮説においては，攻撃性は，目標が，妨げられたり阻止されたりすると，それに引き続いて生ずるとされた（Dollard, Dood, Miller, Mowrer, & Sears, 1939）。つまり，攻撃行動は反射的（すなわち，フラストレーションに対する古典的な条件反射）である可能性，もしくは道具的（すなわち，フラストレーションを防ぐことを意図した古典的オペラント行動）である可能性，どち

らもあるのである。いずれの場合も，攻撃行動は，偶然生まれた状況に対処するという機能を持ち，それを学習することにより獲得された行動が，反応として引き起こされるととらえる。こうして形成された攻撃性は，高圧的な態度をとる家族では，互いに影響を及ぼし合いながら維持されていく可能性があり，それは負の強化となり，子どもの破壊的行動を強化することになる（Petterson, Reid, & Dishion, 1992）。例えば，親が，子どものかんしゃくへの対応として限界設定をやめれば，子どもが不快と感じる，親のしつけ行動が排除されたことが負の強化となってしまう。本モデルでは，目標症状を定義し，それに対する明確な治療指針を載せてある（Goldstein & Glick, 1987）。

社会認知モデルでは，攻撃行動の形成・維持について，理論的・経験的な視点から説明する。このモデルは社会学習理論（Bandura, 1973）と，行動修正のための問題解決（d'Zurilla & Goldfried, 1971）から生まれた。Dodgeは，社会的情報処理モデル（1980）を提唱し，認知プロセスとして5段階の連続モデルを作成した。これらの段階とは，社会的手がかり，手がかりの解釈，反応の探索，反応の決定，行動の実行である。これらのプロセスのどこかが崩れれば，攻撃行動が生まれる可能性がある。例えば，人は，自分への扱いが不公平だと感じたり，相手が意図をもってそのように不公平な扱いをしたと考えた時，怒りの気持ちがわく。このような考えは，相手が，実際にとった行動によってのみ引き起こされるとは限らず，相手の意図を間違って解釈してしまうことによることもある。社会的情報処理におけるこのような歪みは，「敵意帰属バイアス」と呼ばれ，しばしば，怒りの覚醒度を上げ，攻撃行動を増やす。それに反応した，子どもの意図的な攻撃行動は，これまでにも介入の標的となってきており，その方法としては，社会的問題解決が用いられてきた（Kazdin, Esvert-Dawson, French, & Unis, 1987; Shure & Spivack, 1982）。

感情過覚醒モデルによれば，身体的覚醒度と怒りの気持ちの強さは，表出される攻撃性とつながっている可能性がある。例えば，Berkowitz（1990）の怒りのモデルでは，ネガティブ感情と怒りの感情は，相手の敵意に満ちた攻撃性により引き起こされるとしている。攻撃的な子どもは，怒りの感情がわきおこっている間，身体的覚醒度が著しく高まり，それは社会的に見て問題解決戦略とは逆方向に向かわせる影響を与えることがわかっている（Lochman, Whidby, & FitzGerald, 2000）。いくつかの研究ではまた，怒りをあらわにした攻撃の実際のレベルと，自己申告による怒りのレベルとの間には相関があることを見出している（Sukhodolsky & Ruchkin, 2004）。直接，身体的覚醒を標的とした治療技法，例えば，漸新的筋弛緩やポジティブなイメージづくり（positive imagery）などが，多角的な治療の一部であることは広く認識されているが，「覚醒を減少させる」技法が，それのみで，攻撃行動の減少にどれほど効果があるのかについての研究はあまり進んでいない。現在まで，覚醒の度合いを下げるための方法については，単独の効果がわずかな研究で確認されたのみにとどまっている（Garrison & Stolberg, 1983; Goldbeck & Schmid, 2003）。

アセスメント

　治療を的確に選択し，実行するためには，アセスメントと診断を適切に行うことが不可欠である。精神障害の多くは，臨床的に深刻なレベルの破壊的行動があれば，それは，治療を開始する確かな理由になる（本プログラムの3つの主要な対象である，怒り，攻撃性，指示に従わないことについての，先述した議論を参照のこと）。本セクションでは，破壊的行動の治療の中で生まれた変化をモニターし，また，アセスメントや評価をするための尺度を載せたが，それらが臨床家が子どもの問題の程度を測るのに役立つことを心から願っている。本治療を行うセラピストは，治療開始前に臨床上のアセスメントを行う場合と行わない場合とがある。例えば，臨床試験では，アセスメントと治療は，複数の異なる臨床家が行うのが通常である。子どものメンタルヘルスのクリニックでは，セラピストが担当する前に，インテークの専門家が臨床アセスメントを行うこともある。またその他，クリニックや私立の施設では，同じ臨床家がアセスメントと治療の両方を行うこともある。適切な診断評価は，怒りの感情と攻撃性の問題が臨床上どれほど深刻なのか，また，怒りと攻撃以外の問題が，治療を要するほどなのかなどについて判断するために必要である。標準的な臨床研究では，構造化された精神医学的面接を行う。私たちの仕事では，児童用気分障害および統合失調症尺度（Schedule for Affective Disoders and Schizophrenia for School-Age Children; K-SADS; Kaufman et al., 1997）を使用することが多い。診断評価に関わっていない臨床家（それが，臨床試験であっても，臨床上の実践であっても）は，本認知行動療法マニュアルを始める前に，アセスメントの結果を確認するほうが良いだろう。現在，どのような問題があって，どのような治療が行われているのかを知り，アセスメントの結果を子どもやその家族と一緒にみることもまた，治療効果をより確実なものとする。

　このように，互いに協力しながら行う治療の中で，私たちは「親がその標的となった問題」をとりあげ，治療を評価し，そして治療目標を決めていく（Arnold et al., 2003）。最初の評価の中で，親は子どもの最も深刻な破壊行動を2つとりあげ，頻度（エピソードが一日に何度あるか，1週間に何度あるかなど），強度（大きさ，持続時間，実際の行動の様子など），印象（家や学校での破壊的行動の程度など）を書き出す。例えば，ここで標的問題となる「かんしゃく」とは，日に3〜5回，各回10〜30分間，大声を上げる，ドアをバタンと乱暴に閉める，他人を傷つけると脅かす，時に身体攻撃，もしくは器物損壊を引き起こすようなことをさす。親は，対立を避けて過ごそうとするものの，家の中では，ほとんど絶え間ない緊張感を強いられていると書くかもしれない。標的問題の頻度，強さ，印象が明らかになれば，治療目標は，これらを小さくすることとなるだろう。これに続くアセスメントでは，同じ問題が，さらに詳述され，進歩の目安になる。

　怒りと攻撃性の尺度はいくつか存在するが（Collett, Ohan, & Myers, 2003; Eckhardt,

Norlander, & Deffenbacher, 2004)，どれも現時点においては「ゴールドスタンダード」であると考えられてはいない。破壊的行動は，文脈により，印象も異なるものである。例えば，不機嫌になってかんしゃくを起こしたり，指示に従わないような事態は，家の中で起こることが最も多いが，内密に行われる反社会的行動は，仲間と一緒にいて，大人の目が行き届かないような時に起こる可能性がある。したがって，親，教師，子どもは，破壊的行動について，それぞれ異なる説明をする可能性もあり，研究者は，複数の情報を統合することに挑まなくてはならない（Kraemaer et al., 2003）。以下に，Yale Child Study Center にて，現在行われている，子どもの破壊的行動の調査で使用されている尺度をいくつか挙げておく。

破壊的行動評価尺度（Disruptive Behavior Rating Scale; DBRS; Barkley, 1997）は，8 項目あり，親が評価する，DSM-Ⅳの診断基準に準拠した，反抗挑戦性障害の重要な尺度である。親はそれぞれの項目を，4 段階で評価し，「決してないもしくはほとんどない」にあてはまれば 0 点，「時々ある」にあてはまれば 1 点，「しばしばある」にあてはまれば 2 点，「非常にしばしばある」にあてはまれば 3 点をそれぞれつける。尺度の内的整合性は 0.86 〜 0.93（Gomez, Burns, & Walsh, 2008），合計 12 点以上は，臨床的に有意に高いと見なす（Baukley, Edwafds, Laneri, Fletcher, & Metevia, 2001）。本尺度は，私たちが行ってきた，トゥレット症候群を伴う子どもと思春期の子どもの破壊的行動に対する行動療法の研究において，主要なアウトカム指標とされてきた（Scahill et al., 2006; Sukhodolsky et al., 2009）。DBRS と同様に，SNAP-Ⅳ ODD 尺度もまた，DSM-Ⅳによる診断基準における，反抗挑戦性障害を測定する尺度である。本尺度は 10 項目あり，MTA study（MTA cooperave group, 1999）におけるアウトカム指標として用いられてきた。DBRS と SNAP-Ⅳ ODD 尺度は，教師もつけることができる。

家庭での状況についての質問票（Home Situations Questionnaire; HSQ; Barkley, 1997）は，16 項目あり，指示に従わないことについての評価尺度である。親は，破壊的行動が起こりそうな，よくある状況を記載し，各項目について，"はい"か"いいえ"で答える。"はい"と答えたら，次はその程度について，1（軽度）から 9（重度）までの間で回答する。HSQ は 2 つの尺度を含んでいる。それは，問題が起きる状況の数と，重症度の平均値（重症度スコアの合計を，項目数である 16 で割る）である。本尺度には，基準となるデータがあり（DuPaul & Barkley, 1992），それは中枢刺激薬の効果と親マネジメント・トレーニングにより容易に変化することが報告されてきた（Amen et al., 2009）。HSQ は面接で尋ねることができ，尺度の学校版も利用できる。DBRS と HSQ は，それぞれ付録 2 と 3 に収められており，破壊的行動のレベルを測り，治療の進み具合をモニターするのに用いられる。

子どもの行動チェックリスト（Child Behavior Checklist; CBCL; Achenbach, 1991）は，全部で 116 項目あり，親が，子どもの行動と身体症状の広範囲な領域について，それぞれ 0 〜 2 点の間で評価する尺度である。CBCL は，学年と性別も記載するようになっており，

非常に多くの研究により，尺度の信頼性と妥当性が支持されている。また，破壊的行動の評価を特徴づける，狭義の破壊的行動（攻撃性と非行）の要素と広義の破壊的行動（外在化行動）の要素がある。攻撃行動の尺度は全20項目から構成され，それらは身体的攻撃，理屈っぽさ，過度の怒りを測る。本尺度はそのような子どもたちにも，そうでない子どもたちにも，0.92と，高い内的整合性を持つ。非行行動の尺度は，13項目あり，それらは，反社会的行動（それには嘘をつくことも含まれる），窃盗，不登校，公共物の破壊（vandalism），薬物の使用から構成されている。内的整合性は，より若年の子ども，より年長の子どもで，それぞれ0.74 ～ 0.83である。CBCLは，おそらくもっともよく使用される行動評価尺度であり，攻撃性の下位尺度は，年齢，性別をマッチさせた標準化された群との比較において，子どもの攻撃的行動のレベルを計るには有用である。

顕在的攻撃性尺度（Overt Aggression Scale; OAS; Silver & Yudofsky, 1991; Yudofsky, Silver, Jackson, Endicott, & Williams, 1986）は，観察者が評価する尺度で，攻撃的行動を示した出来事の特徴や重症度を反映している。本尺度は，攻撃性を4つの領域に分けている：(1) 言葉による攻撃，(2) 物に対する攻撃，(3) 自己志向的攻撃，(4) 他人に対する攻撃，である。それぞれの領域には，重症度のレベルが上がった時の攻撃行動を記述した4つの説明文が記載されている。すべての攻撃のエピソードが評価者によりチェックされ，重み付けされた得点が割り振られ，説明文がすべてに適応される。言葉による攻撃には1から4点までの点数が，物に対する攻撃には2から5点までの点数が，自分や他人に対する身体的攻撃には3から6点までの点数がそれぞれにつけられる。起きた事象の記録や，攻撃性の4つのタイプそれぞれの重症度に加えて，OASは攻撃性の重症度を，包括的に図り，それぞれのカテゴリーの中で最も重症な行動についての，重みづけされた得点の合計を計算する（合計得点の範囲は，0 ～ 21点になる）。OASは適度な評価者間信頼性係数，再試験信頼性係数を持つことが示されてきている。また，攻撃的行動を示す子どもへの薬物療法の臨床研究でも，状態の変化に敏感であることが示唆されてきている（Armenteros & Lewis, 2002; Malone, Delaney, Luebbert, Carter, & Campbell, 2000）。

逸脱行動チェックリスト（Aberrant Behavior Checklist; ABC; Amen, Singh, Stewart, & Field, 1985）は，58項目から成る，情報提供者に基づく尺度で，5つの下位尺度から成る：Ⅰ．イライラ感（焦り，攻撃性，自傷行為など15項目を含む）；Ⅱ．無気力／社会的引きこもり（16項目）；Ⅲ．ステレオタイプの行動（7項目）；Ⅳ．過活動（不服従を含む16項目）；Ⅴ．不適切な話（4項目）。ABCは発達障害を持つ子どもたちをみるために，標準的な価値を持つ尺度である（Brown, Amen, & Havercamp, 2002）。イライラ感の下位尺度は，自閉スペクトラム症を持つ子どものアウトカム尺度として用いられてきたが，それは，かんしゃくや，攻撃性，自傷行為を含んでいる（Amen et al., 2009）。

　子どもによる自己申告により，主観的な怒りの体験や，隠れた反社会的行動のような破壊的行動に，固有の情報が加えられることもあるかもしれない。広範な，標準的情

報を持つ尺度はいくつかあるが，現時点で，治療研究で使用されたことがある尺度は，ほんのわずかである。子どもの怒りの質問票（Children's Inventory of Anger; ChIA; Nelson & Finch, 2000）は，39項目から成り，仮想的に怒りの感情を引き起こした状況への反応としての怒りを測る（例えば，「誰かが，お昼時の行列に割り込んだ」など）。ChIAは，6歳から16歳の子どもの規範をはかる。

状態－特性怒りの表出質問票（State-Trait Anger Expression Inventory; STAXI; Spielberger, 1988）は，全44項目から成る自記式尺度で，経験についての2つの尺度と，怒りの経験についての3つの尺度から構成される。STAXIは，これまで最もよく研究されてきた，怒りを測定する心理尺度である。本尺度の初版は，12〜16歳の子どもを対象とすることを標準とし，思春期の若者の怒りのマネジメントの変化を敏感にとらえることが示されてきている（Snyder, Kymissis, Kessler, & Snyker, 1999）。STAXI第2版は，最近，836名の子どもと思春期の若者をサンプルとして標準化された（Brunner & Spielberger, 2009）。

治療的アプローチ

　子どもの怒りと攻撃性に向けた精神療法では，子どもや親に対し，また，社会において，システムを作り，支援を行うことができる。これらの治療を包括的に捉えることは，本書の域を超えているが，簡単にまとめれば，この怒りと攻撃性に対する認知行動療法の手法は，他の治療法に置き換えて見てみることもできるといえる。「認知－行動」というラベルは，ここでは，学習原理を強調するとみることができ，思考，気持ち，行動における変化を引き出すことを目的とした，構造化された戦略として使われる。認知行動療法では，子どもと親が，治療において複数の役割を持ち，親は子どもを治療場面に連れて行ったり，子どもに情報を与えたり，セッションとセッションの間，子どもが治療の中で学んだスキルを練習することができるよう橋渡しをする。

子どもに焦点を当てた治療

　怒りのコントロールのトレーニング（Anger Control Training：ACT）は，攻撃的な子どもが感情調節ができるようになり，社会的認知の欠損が改善することを目指す。子どもたちは，感情の覚醒をモニターすることを教えられ，怒りが高まった時に，リラクゼーション技法を用いて，怒りの感情のレベルを調節することを学ぶ。トレーニングの一環として，子どもたちは，仲間にいじめられたり，大人に叱責されたりするような，怒りの感情がわきおこるような状況での，適切な反応の仕方も練習する。ACTは最初，大人向けに，Novaco（1975）により開発されたが，それはMeichenbaumの，ストレス免疫モデルに基づいて作成された（Meichenbaum & Caneron, 1973）。これまで，いくつかの研究で，怒りのコントロールのトレーニングの異なるプログラムの評価が行

われてきた。それは，子どもに対して（Lochman, Barry, & Pardini, 2003），思春期の若者に対して（Deffenvacher, Lynch, Oetting, & Kemper, 1996; Feindler & Ecton, 1986），そして成人に対して（DiGuiseppe & Tafrate, 2003; Kassinove & Tafrate, 2002），それぞれに向けて実施されてきた。

　問題解決スキルトレーニング（Problem-Solving Skills Training：PSST）では，社会的相互性の形成につながる，欠損した認知や意思決定のような認知プロセスに取り組む。例えば，敵意帰属バイアスがあったり，代替解決法を生み出すことができなければ，それは攻撃的行動を生むかもしれない。社会的情報処理（Dodge, Bates, & Pettit, 1990）と，子どもにおける問題解決（Shure & Spevack, 1972）の研究が始まった当初より，社会的状況と攻撃的行動をつなげる試みがなされてきた（Dodge, 2003）。ここ30年間で，PSSTを用いたアプローチが発展してきたが，それは，メンタルヘルスの問題に対処したり，子どもたちが対人的葛藤場面に対処するために，教育分野の専門家たちが活用してきたからである。本治療アプローチを修正したものとして，幼児（Shure, 1993）や，受刑中の若者（Bourke & Van Hasselt, 2001）や，成人（D'Zurilla & Goldfried, 1971）を対象としたものがあり，これらを活用した治療も可能である。PSSTへの参加者は，自らの対人的葛藤を分析し，攻撃的でない解決法を編み出し，次に，問題解決行動について考えるよう教えられる。PSSTの効果は，対照群をおいたいくつかの研究で実証されている（Guerra & Slaby, 1990; Hudley & Graham, 1993; Kazdin, Siegel, & Bass, 1992）。最初に報告された文献によれば，行動の問題に対するPSSTの効果は，社会的情報処理の欠損が変化したことが媒介している可能性がある（Sukhodolsky et al., 2005）。

　ソーシャル・スキル・トレーニング（SST）は，子どもの破壊的行動の問題ばかりでなく，統合失調症，自閉症を含む，種々の障害に向けた治療プログラムである。適応が広いためその結果として，プログラムの中で実際に習うスキルは，臨床像により異なる可能性がある。しかしながら，SSTで用いられる技法は障害が違っても互いに似ているものである。これらの技法にはモデリング，ロールプレイ，修正的フィードバック，適切な行為に対する強化などがある（Merrell & Gimpel, 1998; Spence, 2003）。SSTプログラムでは，社会的に受け入れられる行動は，トレーニングの手順を通じて広げることができるという仮説に基づいて進められる。SSTの理論は，従来からの，精神療法としての行動的アプローチ（Wolpe, 1958）ばかりでなく，社会学習理論もその背景にある（Bandura, 1973）。攻撃的な若者は，言語的スキルが弱く，葛藤状況での解決スキルや，友情を育むスキルが不足している（Barrat, Kent, Felthous, & Stanford, 1997; Deater-Deckard, 2001）。攻撃的な若者に対して行うSSTの目標は，攻撃の代替行動としての社会的行動を培ったり増やしていったりすることであり，そこでは，非行とつながらない仲間との友情を育むことも目的とされる。いくつかの記述的レビュー，あるいはメタ解析のレビューによれば，子どもや思春期の若者に向けたSSTは，反社会的行動の減弱に対し，中等度の効果がある（Losel & Beelmann, 2003）。

家族とコミュニティに焦点を当てた治療

軽度から中等度の破壊的行動のある若者にむけた治療の効果については，これまで十分に立証されてきたと言えよう。しかしながら，少年非行ばかりでなく，重篤で慢性化した行動の問題についてもまた，より密なサービスや，より幅広い対応システムが必要とされる。家族を基盤としたプログラムは，問題行動のある子どもの家族が抱えるリスク要因に焦点を当てるが，それは，行動が気まぐれであったり，厳しすぎたり，逆に目が行き届いていないこと等に対して行われる。

親マネジメント・トレーニング（Parent Management Training：PMT）は，親が，子どもの破壊的行動を，うまくマネジメントするためのスキルを教える心理社会的治療である（Kazdin, 2005）。PMT の目標は，広い意味では，親の，子どもの不適応行動に対処する能力を引き上げ，子どもの行動を改善することとなる。PMT では，親に対して適応的でない行動の機能に目をむけ，また，行動が適応的であるならばそれをほめて，効果的に指示を出し，逆に適応的でない，注視を目的とした行動は無視し，また，それが破壊的行動であるならば，一貫した対応をするよう教育する。新たな養育スキルは，モデリング，練習，ロールプレイ，フィードバックなどを通して獲得される。PMT の技法はオペラント条件付けを基本原則とし，行動が反復的になる確率は，その行動に引き続く出来事により，増減が決まるとされる（Skinner, 1938）。例えば，もし前回かんしゃくを起こした時，かんしゃくを起こすことによって，親の要求から逃れることができたり，好きな活動を続けることができた場合には，再びかんしゃくを起こす可能性が高まるかもしれない。さらに，PMT はそれらの，破壊的行動を助長させてきたと思われる親子の相互作用に焦点を当てる。指示に従わないこと，号泣，噛みつきのような行動は，もしそれにより，子どもが嫌がる宿題や部屋掃除などのような状況から逃げたり，回避する結果が得られれば，その行動を強化することになるかもしれない（Petterson, DeBaryshe & Ramsey, 1989）。叱り方が厳しすぎたり，身体的に罰したりするような，過度で一貫性を欠いたしつけもまた，子どもの攻撃性を高める（Gershoff, 2002）。PMT は，これまで 100 以上の無作為対象化試験が行われてきており，現在も，いくつかの研究施設での研究が続いている。PMT で，子どもの行動が改善することは一貫して示されており，またさらに，家族のストレスを軽くするなど，それ以外の工夫によっても行動が改善するというエビデンスもある（Webster-Stratton, Hollisworth, & Kolpacoff, 1989）。

マルチシステミック・セラピー（Multisystemic Therapy：MST）は，家族の社会生態学（Bronfenbrenner, 1979），家族システム（Minuchin, 1974）モデルに基礎を置き，複数の個人，家族，仲間，学校，コミュニティにおける非行のリスク要因を標的としている。MST と伝統的な家族療法には，いくつか共通する特徴あるが，いずれも，仲間や学校，また他の組織の中で，必要な領域で，問題に焦点を当てた介入も行う。治療は，通常，MST のスキル・トレーニングを受け，スーパービジョンを施された，マ

スターレベルのカウンセラーで構成されるチームによって行われ，3～5カ月程度が必要とされる。セッションの大半は，家族の都合に合わせて自宅で行われるが，学校や地域のメンタルヘルス関連の施設など，他の場所で実施されることも数回ある。治療は，個別化することが重要であるため，セッションの頻度や回数は患者により様々である。例えば，MSTの2つの主要なアウトカム研究（Borduin et al., 1995; Henggeler, Melton, & Smith, 1992）では，直接治療を行う期間は，それぞれ33（SD = 29）時間と24（SD = 8）時間であった。そこでは，治療マニュアルや，トレーニング，スーパービジョン，治療遵守のモニタリングの，決められた手続きをふみながら，一方で，治療を柔軟に行うための指針が示されている。非行行動に対するMSTの効果については，いくつかの比較対照化試験で評価されている（Borduin et al., 1995; Henggeler et al., 1992; Henggeler, Pickrel, & Brondino, 1999; Henggeler, Rowland, et al., 1999）。長期の追跡研究によれば，MSTを受けた非行少年は，通常の治療を受けた者に比べて，再犯率も低く，受刑期間も短い（Schaeffer & Borduin, 2005）。

薬物療法によるマネジメント

　怒りや攻撃性のような破壊的行動に対しては，心理社会的介入に加えて，これらの標的問題に対する薬物療法の評価もいくつか行われてきている。エビデンスの質は一定していないが，現在研究されている薬物として，非定型抗精神病薬，中枢刺激薬，気分安定薬がある。非定型抗精神病薬については，従来の抗精神病薬と比較して，効果が維持され，副作用のプロファイルがより良好なパターンであること（Jensen et al., 2003; Schur et al., 2003）から関心が高まっている。非定型抗精神病薬として，クロザピン，クエチアピン，ジプラジドン，アリピプラゾールがあり，このうち，最もよく研究されているのはリスペリドンである。また，破壊的行動，爆発性，攻撃性として記述され，標的とされる問題については，このような症状を持つ自閉スペクトラム症の子どもを対象とした臨床試験が行われ（RUPP Autism Network, 2002），有効性が示されてきた。重大な副作用としては体重増加があり，同系統の他の薬剤についての研究は少ないものの，同様の副作用を持つと推測される。これらの研究結果をふまえて，重度の，破壊的・爆発的な行動を示す子どもたちに対して，これらの薬物が使用されるようになってきている。メチルフェニデートのような中枢刺激薬は，注意欠如・多動性障害（AD/HD）の子どもたちに対して，反抗挑戦性障害の症状を軽減する目的で使用されるようになっている（MTA Cooperative Group, 1999）。攻撃性や破壊的行動の治療薬として使用されているその他の種類の薬剤としては，抗てんかん薬やリチウムがある。バルプロ酸（Donovan et al., 2000）とリチウム（Malone et al., 2000）についても使用が推奨される結果が出ているものの，これらの気分安定薬は，厳密なモニタリングが必要とされ，また，副作用が生じる可能性もあるので注意を要する。

怒りと攻撃性に対する認知行動療法の効果

　子ども（Lochman et al., 2003; Sukhodolsky et al., 1999; Sukhodolsky et al., 2009）と思春期の若者（Deffenbacher et al., 1996; Feineler & Ecton, 1986; Snyder et al., 1999; Sukhodolsky., 2009）の怒りと攻撃性に対する認知行動療法の効果を評価した無作為化試験はいくつかある。

　初期の研究の1つであるが，John Lochmanは76名の小学生に対し，12セッションの，グループでの認知行動的介入を行い，その子どもたちの攻撃性の程度を教師が評価した（Lochmanm, Curry, Burch, & Lampron, 1984）。それは，怒りの感情への対処，社会的問題解決，目標設定をしたスキルの教示から構成され，学校や家での破壊的行動が減少した。この，学校ベースの，怒りの感情への対処プログラムは，多くの要素で構成された対処力プログラム（Coping Power Program）という，1つの基本プログラムとして，行動の問題を予防するための研究プログラムの中で，幅広い支持を受けてきた（Lochman & Wells, 2004; Lochman et al., 2008）。

　Feindlerは，思春期の若者に対する認知行動的な怒りのコントロールを評価した。ある研究では，破壊的行動を示す生徒を対象にした，学校ベースのプログラムに参加した36名の，思春期の若者に対して評価が行われた。待機リストに載ったコントロール群に比較して，治療を受けた若者は，自己記式尺度での自己コントロールと社会的問題解決において，明らかに著しい改善を示した。それに加えて，職員が記入した，破壊的行動のエピソードの数も，優位に減っていた（Feindler, Ecton, Kingsley, & Dubey, 1986）。また我々が行った，破壊的行動を示す若者に対する認知行動療法についての40の研究のメタ解析（Sukhodolsky et al., 2004）においても，効果サイズは概ね高〜中程度（Cohen's D = 0.67）であり，それは，一般的な子どもの精神療法の効果とほぼ一致していた（Weisa & Weiss, 1993）。

　また，我々自身は，怒りと攻撃性に対する認知行動療法の効果についての研究を，過去10年にわたり行ってきた。最初の研究は，10セッションから構成された，集団認知行動療法によるトレーニングで，教師が，怒りの感情の問題があると判断した33名の小学生を対象に行われた（Sukhodolsky et al., 2000）。未治療の対照群に比べ，治療を受けた群は，教師の報告による攻撃性と破壊的行動が減り，自己申告による怒りのコントロールの改善がみられた。2番目の研究では，認知行動療法の要素である，ソーシャル・スキル・トレーニングと問題解決トレーニングの効果をそれぞれ調べた（Sukhodolsky et al., 2005）。著しい衝動行動のために，親により連れてこられた，26名の子どもが，2つの治療のうちの1つに無作為に割り振られた。前者の治療は，ソーシャル・スキル・トレーニングであるが，それは，モデリング，行動リハーサル，補正フィードバックで，それらは，他者との対立に対処する，社会的に適切な方法を学習し，獲得することを目的としている。後者の治療は，怒りと攻撃性に関与する社会的認知の欠損もしくは不足

を標的とした，問題解決トレーニングであり，認知再構成，再帰属訓練，問題解決の創出である。両親による，攻撃性と行動の問題の評価は，子どもの自記式尺度にて，両治療ともに有意な効果があるとの結果を出し，2群間で有意差は認められなかった。問題解決群は，敵意帰属バイアスを大きく改善し，スキル・トレーニングは，怒りのコントロールのスキルを大いに改善する結果を導いた。

本書に載せた治療はまた，破壊的行動により複雑化したトゥレット症（トゥレット症候群）の思春期の若者における怒りの感情と攻撃性に向けた，我々の認知行動療法の研究において評価されてもいる。トゥレット症は，意図しない動きと発声があることに基づき診断がなされ，"チック"と呼ばれるが，トゥレット症の子どもの多くが，怒りの爆発や指示に従わないことのような行動の問題を持つ。認知行動療法はチックを持たない子どもの破壊的行動を減らすことが示されてきたため，我々は，この治療を，チックを併発し，かつ，破壊的行動を示す子どもに対して実施・評価を行った。本研究には，トゥレット症を患い，かつ，破壊的行動を示す26名の思春期の若者が参加し，認知行動療法を受ける群と，通常治療を継続する群に分けられた。参加した子どもたちは，毎週実施される，全10回の，個人を対象にした認知行動療法を受けた。アセスメントは，盲検化された評価者により行われ，親による報告，子どもの自己報告が，治療前後と治療後3ヵ月経過後に行われた。無作為化された参加者たちは，すべて，最終評価まで受けた。親評価による破壊的行動は，認知行動療法を受けた群では52％減り，一方，対照群では11％の減少にとどまった。子どもがどちらの治療に割り振られたかを知らない，独立した評価者は，13名の認知行動療法への参加者のうち9名（69％）が，「良好」，もしくは「とても良好」とし，一方，対照群では，両者合わせて2名（15％）であった。このような，認知行動療法による治療を施した群における破壊的行動の減少は，統計的に有意であり，3ヵ月追跡した時点においても効果は維持されていた。我々の知る限り，これは，個人に向けて（グループではなく）実施した，怒りと攻撃性に向けた認知行動療法の数少ない研究のうちの1つである。トゥレット症を伴う，思春期の若者を対象にした我々の研究で用いられた治療マニュアルの開発を準備する中，我々は，ほとんどすべてのマニュアルはグループ形式であることを知ったが，怒りと攻撃性のための個人治療のマニュアルは，臨床家と研究者双方にとり有用であろう。

本マニュアルの遵守と治療の厳密性を保つこと

治療マニュアルの到来は，精神療法の研究における「小さな革命」と言われてきたが（Luborsky & DeRubeis, 1984），現在では，臨床研究の実施も併せて必須のこととされている。これまで，エビデンスに基づいた介入であると認められてきた心理社会的治療には，すべて詳細なマニュアルがあるが，そこでは，実施手順は構造化され，それを実行するための具体的方法が記載されている（Perepletchikova & kazdin, 2005）。方

法論の観点からは，そこで使用するマニュアルは，無作為化臨床試験で，治療（独立変数）が計画通りに実行された（内的妥当性がある）ことを確約できることが必要条件である。行動の問題に対しては，治療を遵守すればするほど，治療効果は上がるというエビデンスがある（Henggeler, Brondino, Melton, Scherer, & Hanley, 1997）。臨床家が治療の遵守（治療マニュアルの遵守）をモニターできるよう，我々は，研究の中で使用した，「治療の厳密性のチェックリスト」を掲載した（付録 5 を参照）。本チェックリストの項目は，それぞれのセッションの目標に合わせ，セッションの目標への到達度を，低い（poor），部分的に到達（partial），完全に到達（complete）に分け，0 〜 2 点の間で評価する。おおまかに言えば，臨床研究においては，80％遵守すれば，適切であるといえる。本チェックリストの使用を通じて，臨床家は，マニュアル遵守について自分自身の到達度を評価することが可能である。

柔軟に実施するためのガイドライン

　治療の最中に，マニュアルの中の長い文章をそのまま読み上げたり，マニュアルの一部分ではあるものの，明らかにその子どもに関係のないような話題であれば，その子どもが翌週には治療をすっぽかすであろうことは想像に難くない。マニュアルに基づく治療において，厳密性を保ちながら柔軟性を持つことは，その治療を有効なものとするために，常に，十分に考慮されねばならない重要なことである（Kendall, Chu, Gifford, Hayes, & Nauta, 1998）。我々は，セラピストは基本的には全 10 セッションを完全に実施し，各セッションの内容をすべて実施することが原則であると考える。しかしながら実際には，各セッションにおいては，治療の柔軟さも時に必要とされ，多様な技法や取り組みにより，治療目標に到達することができることもある。各セッションの中で，取り組みは細分化されて記載され，各セッションの目標に対応するよう番号がつけられている。取り組みはそれぞれ，まずセラピスト用に簡単にまとめられ，次に患者用に台本が異なる書体で，サンプルとして示されている。それは，セッションの最中に，これらの台本を読み上げるということではない。セラピストは台本の内容を事前によく理解し，自然な会話ができるように，自分自身の言葉で治療を行うことが求められる。

　マニュアルを柔軟に実施するということは，すべての患者に合うとは言いきれない部分が，時にはあるということも意味する。患者の発達，協力の度合い，現在の関心事，標的とする破壊的行動などに応じて，いくつかの取り組みを，他の活動より先に選ぶかもしれない。例えば，我々は，認知行動療法の研究を行う中で，漸進的筋弛緩に興味を示す子どもは，ごく一部にすぎないことを知った。したがって，我々は，漸進的筋弛緩を，本マニュアルでは，必須ではない技法として記載することにした。しかしながら，治療の厳密さを保つためには，それぞれが目標とする領域で，年齢に合った活動を選び，治療目標はすべて記載されなければならない。我々はまた，セラピストに，マニュアルの中核となる技法全般を習得した後には，治療の中で創造的になることを勧めたい。例え

ば，我々が最近関わった患者の母親の1人は，ヨガの指導者で，子どもにヨガを教えた経験を持っていた。彼女は，口で吹くことで軽い羽毛を空気中に浮かせ，呼吸に焦点を当てさせるような，種々のエクササイズを知っていた。我々は彼女に，息子に深呼吸によるリラクゼーションの代わりに，呼吸エクササイズを試してみるよう勧めた。このようにマニュアルは，臨床スキルとそれまでの経験を活用しながら，柔軟に実施されなければならない。経験豊かなセラピストであれば，各セッションや治療目標の領域の範囲内で，臨床判断により，取り組みを変えていくこともできる。また，トレーニングを行うセラピストは，最初の2～3人の子どもの治療の実践時に，スーパービジョンを受けなければならない。

モジュール1

怒りのマネジメント

セッション1

認知行動療法の紹介と怒りについての教育

★ 目　標

1. 治療を行う理由を説明する
2. 治療目標をたてる
3. 怒りと怒りのエピソードを定義する
4. 子どもの怒りがわきおこる典型的な状況について話し合う
5. 最近起こりがちな怒りのエピソードを挙げ，頻度，強度，持続時間について話し合う
6. 典型的な対処法について話し合い，気持ちをそらしたり，短時間でできるリラクゼーションを紹介する
7. セッションをまとめ，ホームワークを出す
8. 親が入室し，ともに確認をする

ワークシート

破壊的行動評価尺度（DBRS）（親用）
家庭での状況についての質問票（HSQ）（親用）
怒りの要素
怒りの引き金
怒りから気をそらす

☑ ホームワーク

毎日の怒りのモニタリング日記（付録）
怒りのマネジメント日記1

導入部で述べたように，セラピストが事前のアセスメントを行っていない場合，最初のセッションで，セラピストと子どもが互いのことをよく知って，レポートを作成するようにする。これは，子どもに，そのプログラム全般に関わりをもってもらうためである。セラピストは，初回セッションの前に，子どもの現在の怒りのレベルと，どの程度指示に従わないのかを評価するために，DBRSとHSQに記入するよう求めることもある。本書には，全3回，各30分の親セッションの大まかな内容も載せてある。最初の親セッションは，最初の子どもセッションより先に行わねばならない。また，残りの2回は，治療の中盤と終盤か，もしくは子どもセッションの前後に実施する。親セッションのガイドラインを本書の最後に掲載した。

1. 治療を行う理由を説明する

治療を行う理由は，患者の年齢，動機，協同的姿勢の程度などによって様々である。本プログラムや，他の類似したプログラムを知る子どもは，自分の怒りや，友人，両親，教師と争うことが問題を生むことを認めるであろう。もしそうであれば，治療を行う理由は簡単に示すことができる：

人は誰でも，怒りを感じることがよくあります。何かが思うようにいかない時，怒りは，そのことを私たちに教えてくれるという役割を持った正常な感情です。人は，欲しいものが手に入らない時や，他人に酷使された時，刺激を受けた時，攻撃された時などに怒りを感じます。でも時々，間違えた理由で怒ったり，怒りを不適切な形で表してしまったりすることもあるのです。もし，怒りの感情のために，言動をコントロールできなくなったら，あなたやあなたのまわりの人々にはいろんな問題が生まれるかもしれません。これまで，あなたのような若者が，このプログラムから，怒りの扱いについてそれまでとは違う戦略を学んできました。

1.1 **日常生活上の知識を与えること**が役立つこともある。例えば，セラピストから，平均的な人は，少なくとも週に1度，怒りの感情を経験し，それは約1時間続く，と話してみてはどうであろうか？　また，人が怒りをおぼえる場所の大半は自宅であり，それ以外の場所ではないということも。面白いことに，人は嫌いな人といる時ではなく，愛する人といる時に怒りを感じるのである。また，疲労時や空腹時，すでに気分が悪い状態の時などにも人はしばしば怒るものである。強い怒りは，医学的には高血圧や心血管系の問題をもたらすこともある。

1.2 子どもが協力的で，自分の個人的な体験をセラピストと分かち合うことを求めているならば，セラピストはその**子どもが怒ったり，けんかになったりする状況について尋ねると**よいであろう。一方，もし子どもが，頑固で，話し合いができるまでに時間がかか

りそうであれば，治療について話し合う前に，いくつかの中立的な話題，例えば，趣味や興味のあること，スポーツ等について話すことが役立つかもしれない。

1.3 言葉の選択を柔軟にすることは役立つ。いくつかの理由があって，自分が激しく頻繁に怒ることを認めない子どももいるかもしれない。例えば，ある子どもは，治療の中で自分の気持ちを話したがらないかもしれない。もしそうであれば，セラピストは問題解決という視点から，治療目的の枠を作るのがよいこともある。私たちはまた，「怒り」という言葉を用いるのが好きではない子どもと一緒に治療にあたる時，「不満(frustration)」「慌てる」など，彼らが好む，別の言葉を用いたりもする。また，日常の問題ばかりでなく，怒りの感情がわきおこった出来事についても，子どもが口にした言葉をそのまま用いる方が良い。何がその子どもに怒りを感じさせたのかということについて尋ねる方法はいくつかあり，その例を以下に示す：

　どんなことがあなたを怒らせたのですか？　もしくは，慌てさせたのですか？
　ゲームをしている最中に，両親に自分の部屋を片付けるよう言われたら，あなたはどんな気持ちになりますか？
　あまりにも多くの宿題が出たら，あなたはどうなりますか？

2. 治療目標をたてる

　認知行動療法は，短期の構造化されたプログラムであり，セラピストと子どもが，治療目標について一致していれば，治療同盟が成立していると見なすことができる。子どもは，プログラムを受けることを目的に，通常は親が連れてくるものなので，座って他人に話をすることを嫌がる可能性もある。もしも子どもが，自分が怒ったり慌てたりした例をほとんど挙げることができなければ，それが起きない状況を作ることを考えるのがベストの方法であろう。

　これはまた，プログラムのフォーマット——子どもと一対一で毎週行われる10回のセッション——を議論する良い機会でもあるとも言える。親は，現在の関心事について考え，また，治療の進行具合を知るために，プログラムの期間中，少なくとも2～3回は参加することとなる。各セッションの終りに，親が入室して，ともに確認するために10～15分過ごすこともまた役立つ。それは，そうすることで，子どもが習ったことや特別な「怒りのマネジメント」スキルを，週の残りの家で過ごす時間に練習することに賛成するようになるからである。

2.1 治療目標には2つある。(1) 怒りの感情と，攻撃行動の頻度と強度を減らすこと，そして，(2) 仲間や大人との衝突に対処するスキルを増やすことである。次の台本は，子どもに治療目標を示すためのものである。

私たちのセッション中に，達成したい目標は2つあります。まず1つは，あなたが怒ったり，慌てたりする頻度を減らしたい，ということです。怒ることは気分の良いことではないですよね。私は，あなたは幸せな気分でいたり，静かな気持ちでいる方が好きだと確信しています。もしあなたが，週に10回怒ると言ったとしましょう。私達は，それを週に5回に減らすことを目的とします。2番目の目標は，あなたが人生における問題や衝突を解決することができるかもしれない，これまでとは違ったスキルや戦略――それは例えば，あなたの先生があなたと公平に接してくれないと思った時にどのように話し合うか，などについてですが――を実際に行うことです。

2.2 もし子どもが，プログラム参加について納得しないならば，その理由を子どもに尋ねる。よくある答えは，「親が僕をここに連れてきたんだ」や「僕は知らない」などであろう。しかし，子どもは，自分が親と言い争ったり，兄弟や友達とけんかをすることもまた認識しているものである。

　子どもは，プログラムへの参加をあまり喜ばないかもしれない。もしそうであれば，治療同盟を確立して，子どもがプログラムに参加することへの動機づけをするために，より多くの時間を費やさねばならない。この場合には，セラピストは本マニュアルの手法を用いるだけでなく，子どもが真の意味で治療に参加するようになるために，それまで自分自身で培ってきた臨床スキルも活用する。親は治療の中で，子どもの参加を励ますことにより，子どもに対して特別な報酬をもたらすことができるので，セッションとセッションの間に怒りのマネジメントの練習をするために同席することを求められる。ここでの話し合いは，セッションの終わりに親が入室して，ともに確認する際の一部となるかもしれない。

3. 怒りと怒りのエピソードを定義する

　怒りを定義するための1つの方法は，子どもに，自分が本当に怒った時のことについて話してもらうことである。そして，子どもに，どのようにしてそれが，悲しみや恐怖などの他の感情ではなく，怒りであったとわかるのかを尋ねる。より小さな子どもは「あなたが怒っている時に怒る」というように，単純な答えをするかもしれない。年長の子どもはこみ入った議論をしようとするかもしれない。このやりとりで重要なことは，これにより，子どもとセラピストが，欲求不満や挑発への反応として起こる気持ちや考えについて，共通の理解が持てるようになることである。

3.1 例を挙げてみるのもいいことではあるが，**怒りの多面性をとらえるために，セラピストは，隠喩を用いてみることもできる**。「短い憤り」という表現は，すぐに怒る人を表現する時に使われる言葉かもしれない。FeindlerとEcton（1968）は，怒りを爆竹になぞらえ，ネガティブな思考と身体反応が，爆発的な怒りの暴走につながると考え，その

引き金を引くことになった怒りと比較した。そして，我々の怒りをコントロールする能力は，ネガティブな思考と感情をコントロールして，爆竹の導火線を作動させないことになぞらえることができるとした。

私たちのプログラムのある参加者は，「怒りは，耳から出てくる蒸気を描いた漫画だ」と表現した。セラピストが耳から蒸気が出ている，怒った人の絵を描き始めたところ，子どもは，蒸気がまるでブロッコリのように見えると言った。それから私たちは，「君がブロッコリが耳から出ているように感じる時」と，怒りを表現するようになった。後にこの隠喩は，怒りの気持ちの広がりとして，ユーモアを交えて議論されることとなった。

3.2　怒りのエピソードの要素を議論する：きっかけ，体験，表出，結果。「怒りのエピソードの要素のワークシート」は，怒りの多面的な要素を扱うのに用いられる。各要素について議論する時，子どもの興味がどの程度であるか，また，使える時間等により，詳細に検討されることもあれば，短く終わる場合もある。

怒りの感情は，他人の行為のような，様々な出来事（例えば，両親が「ダメ」という等）が引き金になりえるが，それが生物でない場合ですら対象になることがある（例えば，走っていない車など）。本治療により，子どもに，怒り感情が生まれるきっかけとなる出来事を同定し，怒りの感情の爆発を予防する能力を高めることができる。怒りのエピソードの第2の構成要素は，感情状態としての怒りの体験である。この気持ちは思考と一緒に生まれるが，同時に思考によって，より増幅されるものでもあり（例えば「僕はこれが本当に嫌いだ」など），身体反応によっても高まる（例えば心臓の鼓動など）。本治療では，思考を調節する方法や，怒りが高まる感覚を覚えてもらい，過度の怒りをしずめるための対処スキルを教える。怒りのエピソードの第3の要素は表出：ルールや行動である。例えば，人は怒りを感じた時，歯を食いしばったり，また眉が下がったりして，表情にあらわれるものであるが，他人にむけて自分の怒りを表現するための文化的なルールが存在することもある。また例えば，親に対して怒りをぶつけて大声を上げるのは，ある文化においては，他の文化よりもより起こりやすいという文化差もあるかもしれない。また，もし叫び声や悲鳴を上げることで物事が思い通りになるという体験をすれば，行動が強化され，その行動が繰り返し起こるようになるかもしれない。

4.　子どもの怒りがわきおこる典型的な状況について話し合う

怒りの引き金のワークシートを用いて，普段，その子どもの怒りの原因となりがちな5つのものを挙げるよう指示する。そして，怒りの引き金として典型的なものを，領域別にグループ分けをする。これらの領域には——それは参加する子どもにより違うだろうが——特定の人や行動が含まれるかもしれない。例えば，以下に挙げたリストについて考えてみる。

学校で仲間からいじめを受けたり，ちょっかいを出されたりする。
楽しく活動している最中に，両親に別のことをするように言われる。
教師が不公平に扱う。

この取り組みの目的は，子どもが自分の怒りの原因について考えることである。

4.1 怒りがわきおこったきっかけとなった出来事について話をするのは，通常，それに関連する思考や気持ちについて話し合うよりも取り組みやすいものある。この理由の1つは，人は普通，怒りの原因に気付いているからである。治療目標を，怒りがわきおこった状況が再び起こらないようにすることに限定すれば，子どもの協力を得ることは比較的簡単であろう。ここでは，子どもに，怒りを覚えたり，欲求が満たされなくなることがしばしば起こる状況を2つ選んでもらう。子どもが考える，これらの状況が引き起こされる原因について，また，これまでこれらの状況が引き起こされるのを防ぐために何かをしてみたことがあるかどうかということについて，子どもと話し合う。

5. 最近起こりがちな怒りのエピソードを挙げ，その頻度，強度，持続時間について話し合う

子どもたちは，怒りのエピソードの頻度，強度について，両親に話すよりも，少なく報告するかもしれない。しかしながら，自己申告による報告があればそれは，子どもに焦点を当てた介入の中核となる。したがって，典型的に起こる怒りのエピソードの頻度，持続時間についての情報を得ることは重要である。「怒りのマネジメント日記1」のワークシートは——それはホームワークとして出されるが——子どもが，最近の怒りのエピソードについて思い出して書きとめるのに役立つ。以下に，プログラム参加者の1人が書き込んだ状況を示す。

5.1 典型的な引き金と怒りのエピソードが書き込まれたら，次に，**プログラムの目標を設**

状況を書き出しましょう	僕は居残りをさせられて遅いバスに乗っていた。バスが家のそばまですぐに来たのに，運転手は最後に僕を降ろした。
そこには誰がいましたか？	僕。
あなたは何と言いましたか？	何も言わなかったけれど，心の中は怒りで一杯だった。
あなたは何をしましたか？	いろいろ考えを巡らせながら座り続け，窓の外を見つめていただけだった。
その後何が起きましたか？	バスを降りて家の中に入り，怒り狂わないようにこらえようとした。
その時とれた別の行動を何か思いつきますか？	バスが家の前を過ぎる時，運転手に降ろしてくれるよう頼む。
日付 11月28日	時間 4:00～5:00　　　場所 バスの中

定し，子どもの怒りの内容にどれほど関連するかという視点から再度定式化する。そこでは，例えば，以下のようにセラピストは話をする。

　　私たちは，どんなことがあなたを怒らせ，また，怒りの感情を経験する道筋がどんなふうなのかについていろいろと話し合ってきました。私たちのプログラムの目標は，こんなふうな，不快な怒りの気持ちを減らすことなのです。それは，怒りをコントロールするスキルの向上によるものばかりではなく，これらの状況をコントロールする力をつけることによっても可能かもしれません。例えば，もしバスがあなたの家の脇を止まることなく走り抜けてしまった時，その運転手がため息をつくことすらなく，「ああ，これは困った。けど私は誰のことも心配していない」と漏らしたとしたらどうでしょう？　その時，その少年には，怒りの気持ちがわくでしょうが，家に帰った後，何か楽しいことをすることを考えてみるということもできるかもしれません。

6. 典型的な対処法について話し合い，気持ちをそらしたり，短時間でできるリラクゼーションを紹介する

　　子どもに，普段，怒りの感情をしずめるためにしていることについて尋ねてみる。セラピストは「ものを壊す。投げる」「相手の顔を殴る」という反応に驚いてはならない。このような答えはよくあることであり，身体攻撃が怒りの感情をしずめるという誤った信念の反映なのである。セラピストは子どもに，「何があなたの怒りをしずめたのですか？」という質問を思い出させ，もし子どもが答えながら，実際に怒りの感情が，身体攻撃や破壊的行動を引き起こすレベルまで高まるのであれば，そこで，怒りの感情と攻撃を同定し，話し合う良い機会となるかもしれない。そのような信念の例を以下に挙げる。

　　　怒りを表すことが怒りの強度を弱める。
　　　枕をパンチする（壁を叩く，家具を蹴る）ことは，怒りをしずめることに役立つ。
　　　もしも誰かがあなたを怒らせたら，その人は罰せられるに違いない。
　　　あなたに辛くあたる人は，処罰されねばならない。

　　ほとんどの場合，子どもたちは，言い争いや身体攻撃は，実際には，怒りの気持ちを高める結果を生むことに同意する。次の段階では，不快な気分を減らすためにとる適切な方法は，怒りの気持ちがエスカレートするのを防ぐ，という結論に達する。

6.1　**気持ちをそらす方法を紹介する。**怒りをしずめるより，増やしてしまう行動について話し合った後，適応的な（もしくは役に立つ）対処法を紹介する。最も簡単な対処方法は，何か楽しめることをすること，例えば，音楽を聴いたり，友人と過ごしたり，スポー

ツをすることなどである。これらの活動を楽しむことにより、怒りの気持ちを覚えたり、フラストレーションを感じたりすることから気持ちをそらすことができる。

「怒りから気持ちをそらそう」のワークシートを用いて、子どもが怒りをしずめるためにできそうな行動をいくつか書き出すことを子どもに促す。そして、その子どもが日々のスケジュールの中で、事前に計画された行動がどの程度実行できそうなのかについて話し合う。行動は子どもができそうなものに焦点が当てられる。気持ちをそらすことが、怒りをしずめる時に果たす役割について以下に示す。

怒りをストップする方法の1つは、自分を怒らせていることから心を離すことです。それは、何か楽しいこと、面白いこと、また、2～3分、時間が過ぎるのを待つ、そんなふうにしてみることで、人は怒りの気持ちがおさまり、フラストレーションが減るのです。読書をする、友達を呼ぶ、散歩をする、これらは怒りから気をそらすよい方法の例です。もちろん、このプログラムには、単に音楽を聴くよりたくさんのことがありますが、これらは、あなたの怒りをしずめるのにとても役立つのです。

6.2　深呼吸によるリラクゼーションを紹介する。リラックスする簡単な方法は、リズミカルに、深く、目いっぱい呼吸をすることである。子どもの前で、適切な深呼吸の手本を見せ、その後子どもに、技法を練習するよう促す。その際には、以下の説明を用いるとよいであろう。

片方の手を胃のあたりにおきましょう。そして、鼻から息を吸って、口から吐きましょう。空気を目いっぱい吸ったら、手は外側へ動くはずです。肩を上げないで、空気が胃に流れるのを想像しましょう。息を吐き出したら、今度は、手は内側へ動きます。目を閉じてこのエクササイズを2分間やってみましょう。

子どもに呼吸のエクササイズを練習するよう促し、それに続いてフィードバックをする。もし必要ならば、リズミカルに息を吸い、吐くことを繰り返す。

7. セッションをまとめ、ホームワークを出す

各セッションでは毎回、最後にまとめてホームワークが出される。最初のセッションでは新たな情報が多く出てくるので、セラピストは選んだトピックを際立たせるように仕向けねばならず、そうすることで子どもの心に響くものとなる。普段の、もしくはそれまでずっと続いてきた、怒りがわきおこる状況や対処戦略を定式化すれば、それは翌週のその状況を改善することに役立つかもしれず、子どもの治療の動機を高めるかもしれない。気持ちをそらしたり、リズミカルな呼吸によるリラクゼーションにより、本プログラムに参加した多くの子どもたちが、怒りのマネジメントの技法を学んだり、それ

今日，私たちは［子どもが話した，怒りがわきおこる状況］について話をしましたね。この状況を改善するために，今日話し合った方法の中で，使えそうな方法は何かありますか？

仮に子どもが，自分の部屋に行って好きな音楽を聴くことに賛成すれば，彼の気分は改善するであろう。

わかりました。それなら，もしこのような状況，またはこれに似たような状況が来週起きたら，家でこの戦略を試してみたり，練習してみたりすることはできますか？　あなたは前回の最後は口論で終わり，その後30分間気分が悪いと話していました。今回は，自分の部屋に行って，音楽を聴くことを試してみましょう。そして，30分以内に気持ちがしずまるかどうかを見てみましょう。

7.1　怒りのマネジメント・スキルを，セッションとセッションの間に練習することは，治療のきわめて重要な部分である。これらの方法は，機会があればそのたびに自然に練習することができ，また正式なホームワークとして実践することもできる。紙に書かれた課題をホームワークとして出すことは，子どもがそれについて考え，セッションとセッションの間に，新たなスキルを練習する機会を増やすには重要なことである。ホームワークを出すことは，確実に子どもの動機づけや協力の度合いを上げることになる。臨床家は，実行できる可能性が低い，負荷の大きすぎるホームワークを出してはならず，それは自分で判断せねばならない。

7.2　対象が高い動機を持つ子どもの場合には，プログラムの中で「毎日の怒りのモニタリング日記」を最初の2週間用いることができる。子どもの動機がどの程度なのかは，治療に対する通常の熱心さばかりでなく，セッション中の様々な課題のこなし方などから推測できる。セラピストは子どもに対し，そのセッションと次のセッションの間に起きた怒りを感じたすべてのことについて簡潔に記録するよう促す。また，セラピストと子どもはワークシートを一緒に見て，そのカテゴリーについて話し合う。

7.3　「怒りのマネジメント日記1」はセッションの終りに配り，次回のセッションの前にホームワークとして完成させるよう伝える。このホームワークを実行する中で子どもは，自分が怒りのコントロールの技法をうまく用いることができた時に，そのエピソードを1つ記録するよう求められる。このホームワークを出す理由は2つある。1つ目は，怒

りのマネジメントの技法を思い出させるものであるということである。2つ目は，自分の怒りをうまく扱うがことできた状況を書かせることによって，自己効力感を増し，自分の怒りをコントロールできるという信念を形成するからである。

8. 親が入室し，ともに確認をする

　最初のセッションには，親に対する介入の要素が組み込まれているが，そのセッションの終りに，親が入室して，ともに確認するのに要する時間は，比較的短くすることもできる。セッションの終りに，親はそのセッションの教材を一緒にみて，翌週の怒りのマネジメントに向けた計画について教えるために参加を求められる。そして，子どもに対してそのセッションで学んだことについて，親に話すよう促す。もし必要ならば，そのセッションの教材からその子どもに最も響いているように思われた，2，3のポイントを挙げることもしてみる。セクション2.2に記したように，親は子どもに対して治療に参加したこと，また，セッションとセッションの間に怒りのマネジメントのスキルを練習したことを褒めて，特別な報酬を与えることにより積極的に協力することもできる。

セッション2

自己教示とリラクゼーション

★ 目　標

1. ホームワークを提出してもらい，前回のセッションの教材を振り返る
2. 怒りの強さや「気持ち温度計」技法について話し合う
3. 「立ち止まって考える」技法を紹介する
4. 言葉で思い出すことを話し合い，練習する
5. 怒りの気持ちを言葉でラベル付けすることについて話し合う
6. リラクゼーション・トレーニングを続ける
7. セッションをまとめ，ホームワークを出す
8. 親が入室し，ともに確認をする

教　材

インデックス・カード

ワークシート

気持ち温度計
ストップサイン
怒りを表す言葉

ホームワーク

リラクゼーションの練習日記1
毎日の怒りのモニタリング日記（任意）
怒りのマネジメント日記2

1. ホームワークを提出してもらい，前回のセッションの教材を振り返る

　もし子どもがホームワークをやり通したならば，必ず子どもに感謝の意を伝え，それから怒りのマネジメント日記1で書き出した状況について話し合う。もし子どもがホームワークをやってこなかったなら，その理由を尋ね，課題をやり遂げることの重要性を強調して伝え，前の週に起きた他の怒りのエピソードについて尋ねる時間を2，3分確保する。

1.1　子どもに，前回のセッションの内容を思い出すよう促す。 もし必要ならば口頭で先回のセッションの内容をまとめてもらう。

　先週私たちは，人々を怒らせる様々な状況について話し合って，あなたを怒らせるよくある状況をいくつか挙げました。それから，怒りの反応，引き金，気持ち，考え，行動，そして結果について話し合いました。また，怒りの気持ちから離れて，何か楽しいこと，例えば音楽を聴いたりして，怒りの感情を減らし，ネガティブな結果になってしまうのを防ぐことができるかもしれないとも話し合いました。それから，怒りをしずめるために深呼吸をすることも話し合いました。あなたは気晴らしや呼吸の技法を怒りに対処するために使うことができましたか？

2. 怒りの強さや「気持ち温度計」技法について話し合う

　本セッションの主なトピックは，怒りの体験の強度である。他のあらゆる感情と同様に，怒りの感情の激しさもしくは強度，持続時間は様々であり，各々の怒りの強さのレベルを判別することは，本治療の重要な部分になる。人はいかにして怒りを感じるのかという疑問に答えることは難しい。それを計る心理測定尺度として，Spielbergerの「怒りの表出の状態尺度（State-Trait Anger Expression Inventory）」があり，それは人の怒りの強さと自分の怒りの強さを，統計的に標準化された人口で構成される大規模な集団の回答と比較することにより測る試みである。Subjective Units of Distress Scale（SUDs）は，認知行動療法において使用される尺度で，通常，特定の感情の強さを0〜10点で評価することを目的として用いられる。我々の経験では，怒りの強さをラベルづけする言葉のアンカーは，「不快感，ぶぜん，不満，怒り，激怒」の5段階ある。

　「気持ち温度計（Feeling Thermometer）」ワークシートは，本スケールを視覚的に示しており，これを使って様々なレベルの怒りの強さについて話し合い，良いスタートをきることができる。高温は怒りの感情を自然にあらわしたたとえである。興味深いことに，暑さと人の怒りは関連があるという研究もあり，それは著しく暑い日には道端でのけんかが増えることと関連している。

　「気持ち温度計」ワークシートで，強い感情を「トーンダウンさせる」手段としての感情調節ばかりでなく，感情の強さについての教育も子どもに行う。子どもに様々な強

さで怒りを感じる状況の例を挙げてもらい，これらの様々なレベルの怒りをコントロールする方法について，いくつか考えを挙げるよう促す。不快感や悩ましさのような軽いレベルの怒りは無視することができ，また欲求不満のような中等度のレベルの怒りは，考え方を変えたり，リラクゼーションを戦略として用いることにより対処することができる。また，時に憤怒とラベルづけされる強い爆発的な怒りの感情は，問題解決をしたり，問題を予防したりすることによって，より適切に対処することができる。

　子どもに，どうすれば，5段階の怒りの強さそれぞれを減らすことができ，次のレベルに移行するのを防ぐことができるのかを考えながら，ワークブックの右側の「コントロール」と呼ばれる欄に書き入れるよう促す。例えば，このプログラムに参加した15歳の少年は次のように書いた：

　　不快感――それについて考え始めるといつも不快に感じる。
　　ぶぜん――人生はそれについて悩むには短かすぎる，ということを心にとどめておこう。
　　不満――あなたは，小さなことでも滅入ってしまいます。
　　怒り――話の別の側面を見て，そこで本当は何が起きているのかを考える。
　　激怒――どんなにひどいことが起こるのか，頭に思い描く。

2.1　怒りの強さをモニタリングすることの重要性を際立たせる。

　人は時に，冷静な状態から怒りが極まった状態へと瞬間的に，爆発的な速さで移行します。このような場合には，怒りの強さのレベルを調節し，それをモニタリングすることは困難です。しかし，もしあなたが自分の怒りがどのようにわきおこるのかに注意を向け続けることができたなら，激怒しないために何かできることがあるかもしれない。

　もし時間があれば自己注視がいかに体温を上げるかを示す。漸進的筋弛緩に用いられる手順と似ているが，子どもに，指先に集中して，血液が手に流れるのを想像することを促す。そして，2，3秒経過したら，自分の掌が暖かくなっているように感じるかを尋ねてみる。同様に，心の力で体温をコントロールすることができるならば，怒りの気持ちの強さをコントロールすることも可能かもしれない。

3.　「立ち止まって考える」技法を紹介する

　子どもは，自分が怒ったり，後悔したり，なんらかのマイナスの結果になった時，おそらくその状況を思い出すことは可能である。これは怒りの気持ちがわきおこった時に生じる反応を遅らせることができる方法で，できる限りベストの方法で行動したいけれども，それができないと子どもが述べる時に「立ち止まって考える」技法を子どもに紹

介するとよい。ストップ・サインを視覚化し，3まで数えるのは，「立ち止まって考える」技法を実際に行うための簡単な方法である。

　残念なことに私たちは，他人と何か問題が起きた時，常に正しく行動できるわけではありません。私たちは，たくさんの過ちを犯すものです。実は，完璧な人間など1人もおらず，我々は誰でも過ちを犯すものなのです。私たちが怒りを覚えた時，最善の方法で行動できない理由の1つは，怒りは思考を曇らせるからです。結果として私たちは，怒りの気持ちがわいた時，ベストとわかっている方法で行動することができないのです。その代わりとして，私たちは十分に考えることなく，いつのまにか残念な方法で行動しているのです。怒りのマネジメントの最良の実践は「立ち止まって考える」技法と呼ばれています。

　「ストップ・サイン」ワークシートを用いて，子どもがストップ・サインを視覚化するのを手助けする。この視覚化の技法は，怒りがわきおこった時，衝動的に反応するのを遅らせるのに用いることができる。私たちが行ったある研究では，この技法を様々な形で使えば役立つ可能性が示され，それは特に思春期の若者でより顕著であった。ある子どもは，「パトカーの後部座席にいる自分を思い浮かべます。それはとても効果があります」と話していた。

3.1　人が考えがないままに行動するとどんなことが起きる可能性があるのか，その例を示す。

　ある日，ある子どもを待っていました。私は，その子どもに事前にホームワークを出していました。私たちは，金曜日の午後4時に会うことになっていました。ところが，その生徒は時間に遅れ，時間が経つにつれ，私は我慢できなくなりました。私はまだオフィスですることがあったので待ち続けました。しかし，本当のことを言えば，私は週末をスタートさせるためにとても家に帰りたかったのです。5時頃その生徒はついに姿を現しました。私はほとんど悲鳴のような声をあげ，「何時だと思っているの？　私たちはいつ会うことになっていた？　私はあなたを1時間も待ち続けました！」私の期待に反して，その生徒は，罪の意識を感じるより，むしろ混乱しているように見えました。「私は，5時に会うことになっていると思っていました」と彼は言いました。その時初めて，私は自分のカレンダーを調べ，約束は5時であるのを知りました。私は戸惑い，そして謝らねばなりませんでした。

　誤った理解は子どもの方にも起こりました。体育館で他の子どもと遊んでいることもを想像してみましょう。そして，ゲームとして始めたことから言い争いになりました。彼は外野席に登って逃げようとしました。その時点で，体育の教師は，けんかをやめさせようとその少年に近づき，外野席から降りるのを手伝おうとしました。しかしその少

年は，自分をからかった少年に追いかけられると考え，教師の方を見ないで蹴り返し，教師の顔を蹴ってしまいました。結果として，その少年は過った理解によって，その場面全体に責任を負うことになるかもしれません。

3.2 いくつかの例を示した後，これまで考えることなく行動して，その結果，何か問題が起きたことがあるか子どもに尋ねてみる。そしてその後，**「3まで数える」技法のモデルを作る**。

　考えないで行動した時には困ったことが起こるものです。私たちがするべきことは，本当に怒りを感じた時には，何かをする前に少し時間が過ぎるのを待つことです。あなたは反応を遅らせる方法の1つとして，「ストップ・サイン」を心に描くこともできます。時には3秒過ぎるのを待つ，ただそれだけでも過ちを防ぐのに十分であることすらあるのです。あなたは頭の中で3まで数えることもできるのです。例えば，「ミシシッピ州が1つ，ミシシッピ州が2つ，ミシシッピ州が3つ」と唱えれば，3秒が過ぎます。これは，コントロールがきかなくなった状況でできる簡単な方法です。あなたは，心の中で，3つのミシシッピ州を数えるのですが，おそらくこれは最初の怒りの反応をしずめるのに十分な時間なのです。

セラピストへの注意：「ストップ・サイン」を心に思い浮かべる，または，「3まで数える」といった技法の効果は，それ単独ではまだ研究されてはいない。しかしながら，10セッションのパッケージの中では本治療は有用なようである。私たちは，技法のうちの少なくとも1つは，特定の子どもの心に響くものがあり，その子どもは日常生活の中で基礎となる技法として使い始める。また，いくつかの技法は，子どもにとっては簡単すぎるように見える可能性があり，その場合には，セラピストはマニュアルの次のセクションに移ることもできる。ある子どもは，親や，教師，または以前受けた治療ですでに怒りのマネジメントに対するこれらのアプローチについて聞いていると思われるが，それはうまくいくはずがないと考えているかもしれない。どの怒りのコーピング・スキルが，特定の状況や，特定の子どもに有効であるかは誰にもわからない，というのが真実である。しかし10週間のプログラムの中で，種々のコーピング・スキルを試すことにより，子どもは自分の怒りの調節や問題解決スキルを伸ばすことができ，これらのスキルを使いながら，子どもにとって新たに獲得した性質の一部となるのであろう。

3.3　**「立ち止まって考える」技法のロールプレイ**を行う。それは子どもが報告する状況や，以下に示すような状況で用いられる。まずセラピストが怒りがわきおこったという文章を読み上げる。次に子どもが「ミシシッピ州が1つ，ミシシッピ州が2つ，ミシシッピ州が3つ」と言い，気持ちがしずまるのに3秒かかったこの状況で，自分がどのように反応したかを話さねばならない。このロールプレイの間，セラピストはお手本となって子どもを心から賞賛する。そのやりとりは以下のようになる。

　　学校にいる時のことを想像してみましょう。授業の前に誰かが「君の宿題を写させてよ。写させてくれないなら，先生に，君は自分のを写したと言うよ？」
　　あなたがバスケットボールをしている時，友達の1人が「ここから出て行ってほしい。あなたは遊び方を知らないから」と言ったとしましょう。
　　自宅で親に「あなたはテレビを見ることができません！　宿題をして，それから部屋の掃除をしなくてはダメ！」と怒鳴られました。

　　セラピストは，技法を思い出させるものとして，「ストップ・サイン」のワークシートを用いて技法を思い出すよう導くこともできる。

4.　言葉で思い出すことを話し合い，練習する

　　欲求不満を感じた時，リラックスしたり怒りをしずめることを，言葉により思い出すこと（言葉のリマインダー）は，不満な気持ちが高まっていくことを防ぐ役割をもつ。それを思い出すことができるのは，自分の行動を自分で導くために自身に向かって話しかける時である。重要なことを忘れないために，歌を歌ったり，ハミングするという人もいる。それは例えば，「ポケットに鍵を入れる時にダーダーダーナーナ」と言う，などである。子どもに，授業に持っていくものを思い出すために，特定のものに名前を付けることを促す。

4.1　**言葉のリマインダーの例を教える**。例えばそれは，プレッシャーを感じる状況で，アスリートが重要な試合の前に自分自身に言って聞かせているようなことかもしれない。子どもに思い出さなければならないことのリストを作るよう求める。それは，自分に思い出させるもので，スポーツをしている時や，テストの最中にも用いることができる。例えば「落ち着こう」「肩の力を抜こう」「深呼吸しよう」「集中しよう」などである。

4.2　**リマインダーを使って練習をする**。そこでは，以前に子どもにより騒動が引き起こされた状況を使うのが最も良い。セラピストは次のように話すのが良いかもしれない。

　　以前私に話してくれた状況にいると想像してみましょう。あなたはテレビを見ていて，

姉妹がチャンネルを変えました。そしてあなたがそのリモコンを取ったら，彼女があなたを押しました。もちろん，あなたのお母さんはあなたがリモコンを姉妹から取り上げたことを見ています。あなたはテレビのない部屋に追いやられました。あなたの姉妹がチャンネルを変えた時，あなたはどのリマインダーを使うことができるでしょうか？　お母さんが，自分の部屋に行くように言った時についてはどうでしょう？　自分の部屋に行く途中，頭の中で何を話すことができるでしょう？

　子どもに，そのリマインダーの１つを繰り返してもらう。最初は大声で，それから，自分に向けて言うようにする。練習したことを賞賛し，明確な（はっきり聞こえるような）リマインダーと，こっそりとした（自分自身に向かっての）リマインダーの違いがわかるように引き出す。私たちは，臨床経験の中で，子どもたちはリマインダーを囁けば，ただそれを考えるだけより，リマインダーを用いて簡単に思い出せることに気付いた。また，囁くという行為は，観察可能な行動であり，親は，子どもがこの特定の戦略を練習しているのを見聞きすることができる。

4.3　怒りのモニタリングのプロセスを，リマインダーの使用に関連付ける。

　あなたが思い出すことができるようになる他の方法として，怒りの気持ちの強さをモニタリングすることが挙げられます。実は，あなたは，リマインダーを使う前に，怒りの温度を測ることができます。それは，自分自身に次のように問いかけるだけです。「僕はどのくらい怒っているのだろう？」と。これは，あなたの怒りの強さを映すためのリマインダーであるかもしれません。それから，それに対処するベストの方法を決めます。
　例えば，夕食時に，お母さんが昨日の，サヤインゲンとミートローフを温めなおすのを座って見ている場面を想像しましょう。お母さんは，いつも，あなたに野菜を食べることを勧めています。そこであなたは考えるかもしれません。「夕食にサヤインゲン？　またなの？　僕はそれが嫌いなんだ！」。この考えは自分に問いかける合図になるかもしれません。「この状況は，僕を悩ませたり，怒らせたり，あるいは激怒させるだろうか？」と。これらの３つの単語は，いずれも怒りを表していますが，その強さが異なります。この疑問について考えれば，サヤインゲンを二日間続けて食べることは，確かに悩ましいことではあるものの，激怒するほどのものではない。お母さんと言い争うことなく，それほどおいしくはない食べ物ではあるけれども，それを嚙んで飲み込むという，軽い不快感に耐えることはできるという結論に達するかもしれません。

5.　怒りの気持ちを言葉でラベル付けすることについて話し合う

　私たちが，感情をラベル付けするのに用いる言葉はまた，感情の強さに影響を及ぼすかもしれない。「私はすごく怒り狂っている」などのラベルは，「これは不快だ」に比べ

て覚醒度を高めるかもしれない。「怒り」という単語の同義語について話をし，いくつかの同義語が，より重症レベルの怒りを指し，他の同義語が，より軽度なレベルの怒りを反映する，ということを説明する。人は時折，些細な状況においてさえ，自然と怒りの感情を掻き立てる言葉でラベルづけをしていることがある。そのような時には，激しい怒りを掻き立てるラベルづけをしたがために，強い語句で体験をラベルづけし（「ちくしょう！ くそったれ！」），そのことがより情動的に感じさせることにつながるのである。

5.1 **怒りに対する子どもの語彙を増やす。**「怒りを表す言葉」のワークシートを用いて，強い，怒りが高じる感情のラベルづけに注意を向けることを促す。それは，怒りの体験を強めているのである。強い語気の言葉を使う癖のある子どもに向かって，彼らにとって代わりになる言葉で，使いやすい別の言葉があるか尋ねてみる。より軽い言葉，例えば，「慌てる」や「がっかりする」などの言葉を，より強い言葉，例えば「怒り狂う」や「頭にくる」の代わりに用いる練習をし，子どもが家で怒りに対してより軽い言葉を用いてみることを提案する。

5.2 強い言葉のラベルづけを修正するために使われる内的言語の手本を示す。

　ある悩ましい出来事が起き，とても怒っていると想像してみましょう。ここでセルフモニタリングを行って，内なる目のスイッチを入れて，あなたの頭に浮かぶ考えをチェックしてみます。それが，あなたが自分の考えを捉える瞬間で，例えば「僕は本当に頭にきている！！」などです。あなたの頭の中には，強い罵りの言葉が浮かぶこともあるかもしれません。それが，あなたが人に怒りを掻き立てる言葉を用いると，相手がもっと怒りを覚えることを思い出す時なのです。彼らは自分に向かって言うかもしれません。「僕は頭にきている。僕はまったくがまんできない」と。

　子どもに怒りをおぼえる2つの状況を明示するよう促す。そして次にこれらの状況において刺激の少ない言葉を使う練習をする。以下に怒りがわきおこる例を用いて示す。

　先生が，あなたを公平に扱いませんでした……
　あなたは自分に向かって……ということができます。

　ある男の子が，あなたを臆病者と呼びました……
　あなたは自分に向かって……ということができます。

6. リラクゼーション・トレーニングを続ける

　もし，前の週に子どもが深呼吸をするリラクゼーションの技法を使うことができていたら，子どもに続けることを促す。温度を感じたら，息を吐き出せば，赤いバーで示される温度が下がるような「温度を感じる」ことと深呼吸の技法をつなげられるようにする。セラピストは，呼吸技法の練習を続けるか，それとも，それに重ねて使うリラクゼーションの方法を教えるか，そのどちらかを選ぶことができ，そのうちのいくつかを以下に示す。リラクゼーションの技法は，以下の方法で子どもに教えることができる。

　怒りは身体的な覚醒の要素を持っています。「身体的」とは，あなたが怒りを感じた時，体が感じることをいいます。例えば，ある人は怒りを感じると，頭に血が上るのを感じたり，鼻孔が広がったりするかもしれません。これらは感情が覚醒した時の身体的な徴候なのです。リラクゼーションは覚醒の逆の状態です。もしあなたが怒りを感じ始めた時に，リラックスする方法を学べば，怒りが増すのを防ぐことができます。

6.1
深呼吸と数字の逆唱の技法は，Eva Feindler により提唱された（Feindler & Ecton, 1986）。セラピストは最初，その技法の手本を示してから，子どもに練習させながら，フィードバックをすることを続ける。私たちは，この技法が，怒りの感情が数分間続く，明確な身体的な怒りの覚醒の兆候を持つ人に，特に有用であることを見つけた。

　深呼吸をして，それから息を吐き出しながら，大きな声で「10」と言いましょう。深呼吸をして，息を吐きだしながら「9」と言いましょう。そして「僕は，9を言った時には，10を言った時よりももっとリラックスして，静かな気持ちなんだ」と言いましょう。深呼吸をして，息を吐きだしながら「8」と言い，そして続けましょう，「僕は8を言う時，9を言った時よりもっとリラックスして，もっと静かな気持ちなんだ」と。この手順を，1に達するまで続けましょう。

6.2
　深呼吸をして，目を閉じるよう子どもに話し，心地良い屋外の風景を心の中に描写してもらう。そして，その想像力を用いて子どもに問いかけ，**心地良い考えの技法**を紹介する。それはできるだけ記述的であるよう話し，色や音，周りの環境についても尋ねる。この描写は，2，3分かけて行う。それらが十分になされた後，子どもに心地良い状態を心に描いてもらい，ゆっくりとしたリズミカルな呼吸を2，3分行えば，静かなリラックスした状態になることに注意を向けるように促す。

　ただし，すべての人が数分で同じような心的なイメージを持ち続けることができるわけではない。この技法を楽しみながら行うことができない子どもたちの場合には，本当に怒りを感じ始めた時に，2，3回，深い呼吸をするような，より簡単なリラクゼーションの方法を用いるのもよいかもしれない。

7. セッションをまとめ，ホームワークを出す

そのセッションの主な点をまとめて，自分の怒りをよく知るための方法を最低1つ考えてもらう。次の台本は，セッション2をまとめるのに役立つかもしれない：

今日私たちは，怒りの覚醒をモニターすることについて話をしました。私たちは，怒りの強さの多様なレベルと，私たちが自分の気持ちに名前を付ける時に，異なる言葉を用いることについて話をしました。それから，「立ち止まって考える」技法についての話もしました。まず2，3秒立ち止まり，自分がいかに怒っているのかについて考えなければなりません。もしまだ怒りを感じていれば，リマインダーを使って気持ちをしずめることもできます。最後に，私たちは，リラクゼーションをいくつか練習しました。あなたはどのリラクゼーションの技法が一番好き？

7.1 子どもに対し，**もっとも好きなリマインダーをインデックスカードに書き留め，そのカードをポケットに入れて一日持っていることを勧める**。子どもは葛藤を覚えたり怒りの感情がわきおこったら，それを取り出して使うようにする。

7.2 子どもに対して**3つのリラクゼーションの技法**（深呼吸，嬉しいことを想像する，数字の逆唱，そしてこれらを組み合わせること）すべてについて，翌週までに繰り返し練習し，「リラクゼーションの練習日記1」を，次回セッションまでに埋めてくるよう促す。

7.3 「毎日の怒りのモニタリング日記」は，動機付けのされた参加者だけが用いるようにしなければならない。次のセッションまでに，子どもにわきおこった怒りの感情につながる**出来事をすべて**簡潔に記載してもらう。

7.4 「怒りのマネジメント日記2」は，プログラムの次回セッションに向けて埋められていなければならない。このホームワークでは，子どもは前回のセッションで練習した，怒りのコントロールの技法の中で，効果的に使うことができたエピソードの1つについてのみ記録することが求められる。このホームワークは，怒りのマネジメント・スキルを現実の生活環境に広げていかねばならない。

8. 親が入室し，ともに確認をする

各セッションの終わりには，(両)親か保護者(ら)が，セッションの教材を見直したり，前の週の進展を確認したり，また，翌週の怒りのマネジメントのために，短時間のチェックインに呼ばれることがある。このように，怒りを爆発させずに，欲求不満の状況を自分でコントロールするようなポジティブな行動に目を向けた家族会議を開くことができれば，それは最良の方法である。一方，もし破壊的行動を示す特定の出来事について話

セッション2　自己教示とリラクゼーション

し合う必要があるならば，子どもには外で待っていてもらい，親と一対一で話をすることを勧める。

　子どもに怒りの気持ちがわいたり，子どもが指示に従わなくなりそうな状況で，適応的な行動（例えば，けんかから立ち去る，たった一度頼まれただけでゴミを捨てる，など）を示すことができた状況の例を挙げるよう親に促す。子どもには，セッションで学んだことを親に話すよう求める。もし必要であれば，セラピストはセッションの教材から，子どもに最も響いたように思われた2，3のポイントを箇条書きで示す。

セッション3

感情調節

★ 目　標

1. ホームワークを提出してもらい，前回のセッションの教材を振り返る
2. その日までの進歩を振り返る
3. 怒りがわきおこる状況をあらかじめ防ぐ方法について話し合う
4. 怒りの合図のモニタリングについて話し合う
5. リラクゼーション・トレーニングを続ける：漸進的筋弛緩
6. セッションをまとめ，ホームワークを出す
7. 親が入室し，ともに確認をする

ワークシート

気持ち温度計
あなたは体の中のどこで怒りを感じますか？
たくさんの怒った顔
怒りを描きましょう

ホームワーク

漸進的筋弛緩（任意）
怒りのマネジメント日記3
リラクゼーションの練習日記2
創造的な活動（任意，ワークシートはない）

セッション3　感情調節　　　　　　　　　　　　　　　　　　　　　　　　　　　57

1. ホームワークを提出してもらい，前回のセッションの教材を振り返る

　もし子どもが，ホームワークをすべてこなしてきたらすかさず褒め，そこに書かれた怒りがわきおこった状況のどれかについて簡単に話し合う。もし子どもがホームワークをしてこなかったら，家で，ホームワークをすることの重要性について，穏やかな態度で話して聞かせる。その前の週での怒りのエピソードについて話し合う時間を2，3分とる。

1.1　前回のセッションの教材を振り返り，**子どもが「立ち止まって考える」技法，言葉によるリマインダー，リラクゼーションの技法を用いることができる時間の例を挙げるよう促す。**

　プログラムの目標は，不快な怒りの感情を減らすことです。私たちは，人が怒る状況についていくつか話をし，悪い気分を改善させる戦略について話しをしてきました。今日は，怒りの強さについてもっと話したいと考えています。前回，私たちが「気持ち温度計」についてどんなことを話したか思い出してみてください。あなたには，自分の怒りの温度をクールなレベルに保つことを学んでほしいのです。そうすれば，これらの，怒りが屋根を突き抜けてしまいそうなくらい激しくなってしまう状況を体験しないですむし，極度の怒りを感じなくてすむのです。前回，私たちはリマインダーとリラクゼーションの技法を，怒りの覚醒を調節するために使うことを話し合いましたよね。

1.2　「怒りのマネジメント日記2」を振り返り，怒りのコントロールの技法を用いる試みが成功したことを褒める。もし子どもが何も書いてこなければ，怒りのマネジメント日記に一緒に書き込む。これは本セッションで例として使うことができる。

2. その日までの進歩を振り返る

　　セラピストへの注意：マニュアル化された治療を柔軟に実施していく上で重要なことは，子どもの進歩と動機をモニターし続けることである。最良の事例シナリオとは，2回目のセッションの後，子どもが，怒りのマネジメントを用いて成功する体験を何度か経て，親も，怒りの暴発と攻撃的行動の回数と強さが減少したことを報告するものである。このような初めての成功体験は，残りの治療においても協力を強めることにつながる。
　　家や学校で，破壊的行動を示す子どもたちはまた，治療においてもネガティブな態度を示すことがある。このようなことは，子どもの興味がわかない時に起きるもので，その場合には，セッションの中での取り組みに抵抗し，ホームワークに取り

組まないであろう。参加者の中で，正直な子どもは，最初の2, 3のセッションが終わった後，私たちに対し，怒りのコントロールのプログラムは「役に立たない」と話していた。これらの意見に対しては，行動療法の効果を示すことにより反論することが最も効果がある。セラピストは，それをこなした子どもたちのうちの半分強の人に役立つけれども，それがうまく機能するかどうかを知るには，全プログラムを終了することが重要であることを強調する。ここで注目すべきことは，全10セッションの終了時までには，大多数の子どもは，治療について何かしらポジティブなことを話していたことである。それはアウトカム尺度で改善を示さない子どもたちでも同様であった。

　セラピストはプログラムを実施するにあたり，最善を尽くさねばならない。これには，ビデオゲーム，スポーツ，音楽のような子どもが興味を持つ話題や流行っていることに通じていることも含まれる。しかしながら，娯楽に通じていることと治療マニュアルの教材に通じていることには微妙な一線がある。治療目標に向けて，ラポールを築く努力が構築できるには，そのマニュアルに十分精通していることが求められる。例えば，私たちは子どもたちに，問題状況の絵を描くことを促すが，セラピストがマニュアルに精通していれば，話し合いがより生き生きとしたものになる。また，セッションをポジティブな雰囲気で終わらせるために，セッションの終りに，iPodやポータブルのゲームプレーヤーでの好きなゲームを教えてくれるよう子どもにお願いすることもある。また，より構造化された報酬システムを利用することもある。例えば，各々10分間のセッションに積極的に参加したら，セッションの終りに小さなご褒美と交換するという方法もあるが，私たちの治療でこの方法を用いたことはない。抵抗を示す子どもに対処する最もいい方法は，教材について熱意を持って語り，粘り強く，かつ穏やかに，ワークシートに描かれた活動に参加することを奨励することである。私たちの臨床経験では，確かにプログラムへの興味をひくのが難しい子どもはいるものの，感情調節や問題解決スキルに取り組み始めた後には，それらをうまく使えるようになる。

2.1　これまでのプログラムについてのフィードバックを子どもからもらう。

　2週間が過ぎたけれど，私は，私たちが正しい方向に向かっているのかどうかを知りたいと思っています。最初の2つのセッションは，あなたの役に立ったと思いますか？

　私たちの経験では，最初の2回のセッションの終了時には，たいていの子どもたちは，何かしらポジティブなことを話すことができるようになる。もし子どもが，それが役立つと言ったなら，セラピストはさらなる情報を引き出したり，彼がいかに役立つものを

得たかについて話してもらうこともできる。一方，もし子どもが，全く役に立つことがなかったと言ったなら，セラピストは，子どもがいまだに治療のごく初期の段階にいることを知ることになる。そのような時には，希望を持って，将来のセッションがより役立つものとなるだろうと話すことができる。

2.2 子どもにこのプログラムがいかに役立つかを示して治療目標を繰り返し伝える。

　もしあなたが，すべての時間をお母さんと口論することに費やすつもりでなければ，遊ぶ時間が増えることになります。
　次回，お姉さんがあなたに辛い思いをさせた時に自分の言葉を使うことができれば，外出禁止にならなくてすむでしょう。

3. 怒りがわきおこる状況をあらかじめ防ぐ方法について話し合う

　怒りをしずめるためのもっとも効果的な方法の1つ目は，怒りがわきおこる状況を防ぐことである。もちろん，この作戦は常に効果的なわけではないが，怒りがわきおこる状況は避けられない場合もあり，直面化せざるをえなかったり，自ら解決していかねばならないものもある。うまくいっているのに怒り狂う，うまくいっていないのに言わない，そのような状況を思いおこすのは重要なことである。また，怒りのコントロールの問題を持つ人々（気質性の強い怒り，低い欲求不満耐性）は，非常に些細なことや，本当は悪くない状況なのに怒ることもある。しかしながら，怒りがわきおこっていることを認識することを学び，重要なことと取るに足らないことを区別することを学ぶことは，怒りのコントロールスキルを獲得するのに役立つ。本セクションの目標は，子どもの怒りの引き金を引く出来事への認識の目を広げることである。

　子どもが怒りをおぼえる出来事について，それを予防したり無視することが可能かどうか，話し合う。もし子どもが，最初の2セッションのホームワークで，その週の怒りのモニタリング日記を仕上げてきたら，セラピストは，そのワークシートで報告された怒りを引き起こす出来事について，治療の中でとりあげることができる。また，セラピストは，セッションの中で子どもが報告した怒りのエピソードを例として用いることもできる。

　下記のリストから定義にそって，避けることのできる状況とできない状況，また，無視することができる状況とできない状況を区別するよう子どもに促す。

　　避けることができる＝防ぐことができそう
　　無視することができる＝慌てるに値しない
　　無視することができない＝何かすべき

私たちの最初の戦略は予防することです。まずここ２週間で怒った，もしくは不満を感じた状況をいくつかを見てみましょう。あなたは［子どものホームワークから，例を挙げて埋めよ］で，起きたことを何度か話してくれました。では，これらの状況を次の２つのグループに分けてみましょう，それは，状況を防ぐことができたことと，防ぐことができなかったことです。これらの状況が起こるのをどうすれば避けることができたのでしょうか？　このように，防ぐことができなかったことに対して，できる限りの最良の結果とするために，怒りのマネジメントができる方法は何かあるでしょうか？

3.1　**怒りをおぼえる状況を防ぐ２，３の戦略に取り組んでみることを子どもに促す。**
　子どもにとってめったに起こらないことであれば，それが起きた時にどうすべきなのか，正解をあらかじめ知っているという状況は普通はない。いくつか予防戦略を示した後，子どもに，自分が実際にその戦略を用いる機会はどのくらいと予測しているかを尋ねる。セラピストは簡単な尺度──絶対（definitely），多分（maybe），おそらくそうではないかもしれない（probably not）など──を用いるか，もしくは，子ども自身の口から出る言葉を記録する。ここでの予測は，次回のセッションの中で，実際の行動との比較として用いることができる。
　本プログラムに参加する子どもに示す，考えられる防止戦略の例を以下に挙げる。「先を読みましょう」「そこに行ってはなりません」「自分が怒るかもしれないと人に言いましょう」「彼らに警告を与えましょう」「タイムアウトをしましょう」「部屋を離れましょう」「水を一杯飲みましょう」。

3.2　代わりのアプローチとは，**怒りがわきおこる状況で怒りのレベルを分けることである。**状況は，怒りの強さのレベルに基づいて，複数のカテゴリーに分類できる。そして，怒りの強さのレベルが異なれば，怒りのマネジメントの技法も異なってくるかもしれない。このような使い方をする目的は，子どもが自分の怒りのレベルを予測し，怒りの調節の技法を怒りのレベルに合ったものにするためである。

4.　**怒りの合図のモニタリングについて話し合う**
　矛盾することではあるが，怒りのレベルが高い傾向にある人は，外的な怒りの合図（の発生）に対して非常に敏感であるものの，内的な合図（例えば，怒りの覚醒の強さ，身体的変化，ストレスのレベル，疲労，空腹など，人々が大きく反応しがちなもの）に気付きにくい可能性がある。したがって，怒りが爆発する時にはどんな兆候がはやくからあるのかについて探索すると，わかることがある。セルフモニタリングのスキルを持って取り組むことは役立つ。この内容は次のように子どもに伝えることができる：

　私たちの爆竹の絵を思い出してもらえますか？　ある人々は，怒りの引き金の導火線

がとても短いかもしれませんが，これは，別のたとえを用いれば，スポーツカーは，5秒以内に時速60マイルまで暴走させることもできるとも言えます。このプログラムの目標は，あなたの感情面の反応時間をゆっくりなものとし，そんなに早く加速しないことなのです［前回のセッションで紹介した「気持ち温度計」技法は，視覚的なイメージとして用いることができます］。まさに今，あなたは，不快な気分から激怒へと移行しています。あなたには，「不快」から「快適でない」，それから「快適でない」から「悩ましい」，そして「悩ましい」から「欲求不満」へと柔軟に変化してほしいのです。このように，あなたは怒りの頂点に達する前に，複数のレベルの怒りの強さを通過するのです。もしあなたが，怒りの強さという点からこれらが増大するのを自分でモニターすることができたら，自分の怒りの強さが増していることを自分で気付いた時，あなたは怒りの暴発を防ぐ防止戦略を用いることができます。つまり，怒りは全か無かの反応ではありません。その強さには複数のレベルがあり，もしあなたが感情の覚醒の強さをモニタリングすれば，暴発を防ぐために，それぞれに違った戦略を用いることができるのです。

4.1　身体のサインを振り返る。

　体の内側の怒りについてどのように感じるかについて話しましょう。私たちが怒った時，私たちの身体には何が起きるのでしょう？　怒りはどこにあるのでしょう？

　この話し合いに積極的に参加してもらうために，セラピストは，「あなたは体の中のどこで怒りを感じますか？」のワークシートを用いることができる。このワークシートは，人体を素描したもので，ここでは，子どもに，体のどこで怒りを感じるのかを描くように促す。よくある答えとして，「私たちが怒った時，体に何が起こるのだろう？」という質問には，「心臓がドキドキする」「筋肉が緊張する」「血液が身体を駆け巡る」「耳が真っ赤になる」「眉をひそめる」「こぶしを握りしめる」「お腹に蝶がいる」「体が震える」などがある。子どもが緊張している時の身体のサインを同定するのを助け，これらは，リラクゼーションで対処可能なサインであると伝える。

4.2　怒りの表情について振り返る。

　人は怒った時にどのように見えるのでしょうか？

　この話題を子どもに紹介するには，子どもに，怒った顔をしてもらい，続いて嬉しい顔，悲しい顔，驚いた顔，悲鳴を上げた顔をしてもらうなどの方法をとる。そして，セラピストもまた怒り，喜び，悲しみの表情を作り，子どもに感情を同定することを求め

る。怒りと喜びは認識しやすく，もしこれらがきちんとできたなら，通常この実践にはコミックリリーフ（訳者注：劇・映画・文学作品などで緊張感の続くシーンの途中で，緊張を和らげるために差し込まれるコミカルな場面）が使われる。面白いことに，私たちは怒りを感じた時，大体は相手が怒っているように見えるのであるが，逆に怒って見えるということは，実際に我々に怒りの感情を引き起こすのである。ある心理学の実験では，被験者は，他の人がそれをしていない状況で自分の鉛筆を噛むように求められ，その場の全員が，彼らについてどう感じるかを評価するように求められた。それによれば，これらの，（鉛筆を噛むことによる）歯の食いしばりを見た人々はより強い怒りを感じていた。「怒りのたくさんの顔」ワークシートを用いて，子どもに，自分が怒った時，自分がどのように見えるのかについて記載することを促す。

4.3　　**創造的な活動**もまた役立つものであり，特に幼児において内的な怒りの経験を描写する時にはそうである。ある子どもたちが，自分の怒りを適切に表すことができない理由の1つに，彼らが自分の気持ちを表すに十分な語彙力を持たないからであるという可能性がある。子どもが怒りの気持ちの体験に気付く機会を広げ，怒りの感情の適切な言語表現を潜在的に拡大させる興味深い方法として，子どもにどんな怒りの気持ちを感じるのかを絵を描いて示してもらうという方法がある（「怒りを描きましょう」ワークシート）。この絵は自分がこれまで見た絵に似ている必要はないと伝えるといい。子どもが絵を描き始めるのを手伝い，本当に怒り狂ってしまった時と，その瞬間自分がどのように感じていたかを思い出すことを促す。子どもが描いた絵については，以下のような開かれた質問によって話し合うことができる。

　　あなたが怒った時，それを最もよく表すのはどんな色なのでしょう？
　　怒りの形を，あなたはどんなふうに表しますか？

5.　**リラクゼーション・トレーニングを続ける：漸進的筋弛緩**

　　前セッションで，漸進的筋弛緩，深呼吸，ポジティブなイメージ技法によく反応した子どもたちには，漸進的筋弛緩を紹介できる。筋弛緩における私たちの経験では，これは，最低でも，数週間にわたり毎日実施するのが最良である。このプログラムに参加した子どもの大多数は，毎日の漸進的筋弛緩をやらなくなっていた。しかしながら，少数ではあるが，これが役立つことを発見した子どももいた。したがって私たちは，この技法を全員に紹介はするものの，その後継続して行うのは，真の意味での動機づけができている子どもたちに対してのみとすることを勧めている。漸進的筋弛緩をこのセッションの中で少なくとも1回行うこともまた，緊張した時の気持ちと弛緩した時の気持ちの違いを自分で体験する例となり役立つ。そうすることによって，子どもが，自分の過度の緊張状態を，よりうまく同定することを支援することになるかもしれない。その理由

を以下のように説明する。

　身体の筋肉を緊張させ，次に弛緩させることにより，あなたは緊張を感じることと弛緩を感じることの違いを認識できるようになるでしょう。あなたが心地いいと思う場所に座って，目を閉じてみましょう。それから，緊張，そして弛緩という異なる役割を持つ筋肉のグループについて話をします。緊張を保ちながら，鼻で息をして5まで数えてみましょう。それから私が「はい，リラックス」と言ったら，口から息を吐きだし，筋肉の緊張を解き放ち，緊張と弛緩の違いを感じましょう。例えば，私はあなたに固い握り拳を作ってくださいと言います。それから，さあ5まで数えましょう。そして，さあ，指を開いて，掌を10秒間膝に乗せて休めましょう。手の中の緊張と弛緩の違いを感じましたか？　10秒待って緩め，特定の筋肉のグループ（筋肉の，暖かさ，重さ，弛緩，うずく感じなど）を感じましたか？　さあ，このエクササイズをすべての主な筋肉でもやってみましょう。

　セラピストはまた，主たる筋肉を弛緩させるために動きを真似することもできる。以下に，Edmund Jacobsonが作成したリラクゼーションを基にして，取り組みやすいように修正した運動を示す。ここでは，各筋肉について2回，緊張と弛緩を繰り返すことを勧める。最低5秒間緊張を保ち，最低10秒間緩める。鼻から息を吸い，口から吐き出すことに集中する。

　　一連の筋肉を弛緩させる簡単な方法
　1. 両方のこぶしを握り締める→両手と両腕
　2. 両肘を曲げる→二頭筋
　3. 眉をひそめ，歯を食いしばる→顔面と顎
　4. 頭を後ろに倒して下げる→首
　5. 両側の肩甲骨を一緒に押す→肩と背中
　6. 胃の筋肉を緊張させる→腹部領域
　7. 足を外側に挙げ，足を曲げる→大腿部
　8. 足を上げたまま，つま先を曲げおろす→ふくらはぎ，足，つま先

6.　セッションをまとめ，ホームワークを出す

　子どもに，このセッションで何を学んだのかをまとめてもらう。次に挙げるようなまとめ方をすることもできる。

　今日私たちは，怒りを感じた時に私たちが体験する，怒りの強さと感情の覚醒について話し合いました。また，低い状態から高い状態に移る感情の覚醒レベルをどのように

モニターするかについても話し合いました。それから，違う合図についても話し合いました。それは，私たちの身体がどのようにしてストレスに反応して，表情に表れるのか，ということです。自分の怒りのレベルについて知ることは大切なことで，それにより，もし怒りが爆発したら起こりそうな悪いことを防ぐことができるということを家の人に伝えます。

6.1 もし子どもが，「毎日の怒りのモニタリング日記」を埋めてきて，それがセッションで役立ったら，このホームワークを続けていくことができる。しかし，セラピストは，子どもが過度に苛立つことを避けるために，この形式を続けるかどうか考えたり，また，他の怒りのマネジメントの戦略を練習するかを決めなければならなくなることもあるかもしれない。毎日のシートは，セッション8とセッション9で再度用いることができ，そこでは，プログラムの中で，最近2週間での怒りのエピソードの回数についての情報を集めることが目的となっている。

6.2 子どもにとって**家でリラクゼーションの技法を練習する**機会があることは重要である。セッションの中で，漸進的筋弛緩によく反応する子どもには，家で練習するために「漸進的筋弛緩」のワークシートが渡す。「リラクゼーションの練習日記2」を用いて，リズミカルな呼吸，積極的にイメージすること，数字の逆唱，筋弛緩などを行う。これらを試みた時には必ず，日，時間，場所についての記録を残す。

6.3 「怒りのマネジメント日記3」は，プログラムの次のセッションに向けて，子どもが埋めるものである。このホームワークの中で，子どもは，自分で怒りのコントロールの技法の1つをうまく用いることができたエピソードについて，2週間で1つずつ書き込むことを求められる。このセッションは，怒りの覚醒の防止とセルフモニタリングに焦点が当てられ，子どもがこれらのスキルを用いて，その週の宿題のために1つ例を挙げることを勧められる。

6.4 **創造的な課題が任意のものとして**出されることもある。このセッションの創造的な精神から，子どもは，次のセッションまでの間に起きた怒りのエピソードについて，1ページ分のエッセイを書くことを求められることもある。これまで，プログラムの参加者のうちの何人かは，驚くほど鋭い文章を書いてきた。私たちはまた，パワーポイントによるプレゼンテーションや，コンピューターで作った漫画のアニメーション，ビデオなどによる創造的な課題も受け取ったこともある。

7. 親が入室し，ともに確認をする

　各セッションの終りには，親は，そのセッションの教材や先の週での進歩を振り返ったり，翌週に向けた怒りのマネジメントを見るために，短時間入室しての参加を求められる。怒りの感情を引き起こしたり，指示に従わなくなるかもしれない状況で，適切な行動（例えば，けんかから立ち去る，一度頼まれただけでごみを捨てるなど）を，子どもがとることができた時の例を挙げるよう親に対して促す。また，子どもに対しては，そのセッションで学んだことを親に話すことを求める。もし必要であれば，セラピストはそのセッションの教材からその子どもに響いているように思われた2, 3のポイントを箇条書きにして示す。

モジュール2

問題解決

セッション 4

問題の同定と特質

★ 目　標

1. ホームワークを提出してもらい，前回のセッションの教材を振り返る
2. 思考と感情のつながりについて話し合う
3. 問題を同定する方法を紹介する
4. 全体を把握する話し合いをする
5. 敵意帰属バイアスについて話し合う
6. セッションをまとめ，ホームワークを出す
7. 親が入室し，ともに確認をする

✏ 教　材

雑誌や本の絵や写真

📄 ワークシート

気持ちがしずまる考え
目の見えない人と大きなもの

☑ ホームワーク

怒りのマネジメント日記 4

1. ホームワークを提出してもらい，前回のセッションの教材を振り返る

子どもに，前回のセッションの内容を思い出すよう促す。「怒りのマネジメント日記3」を振り返り，コントロールができなくなってしまうような怒り方を防ぐために，怒りの覚醒の徴候をセルフモニタリングすることを話し合う。子どもの怒り，また，さらなる怒りの高まりを防ぐために，ここでの気付きを利用できること，また，それを知ることができる例を，少なくとも1つ挙げてみるよう促す。

1.1 子どもが家で，リラクゼーションの技法を用いたかどうかについて尋ねてみる。

技法	子どもがこの技法を家で用いましたか？		子どもが役に立つと思いましたか？	
リズミカルな呼吸	はい	いいえ	はい	いいえ
ポジティブなイメージ	はい	いいえ	はい	いいえ
数字の逆唱	はい	いいえ	はい	いいえ
筋弛緩	はい	いいえ	はい	いいえ

これまで私たちは，怒りの気持について話し合ってきました。また，人を怒らせる状況と怒りのマネジメント・スキルについても話し合ってきました。次の，2，3のセッションでは，考えがいかに感情とつながっているのかということについて話し合うつもりです。シェイクスピアはこう書いています。「良いも悪いも本人の考え方次第（but thinking makes it so）」。

セラピストへの注意：怒りと攻撃性における認知の役割には複数の理論が存在する。本ワークブックの4〜6セッションでは，社会的情報処理モデルを利用する。社会的情報モデルは，子どもの怒りと破壊的行動についての数百の研究により結論づけられたものである（Crick & Dodge, 1994; Dodge, 2006）。本モデルでは，社会的情報の認知プロセスには5段階あることが示されている。すれはすなわち，合図の探索，合図の解釈，解決の創造，結果の分析，反応の成立である。すべての段階において，2種類の問題がある可能性があり，それは，認知の欠損（deficit）（特定のプロセスを経ない）と，認知の欠乏（deficiency）（処理過程で誤りがある）で，それらは，怒りの感情と攻撃行動とに関連する。これらの認知の問題を修正することを目的とした，社会的な問題解決的介入は複雑性という点において多様で，1つのプロセスが他のプロセスに与える影響を強調している（Guerra & Slaby, 1990; Kazdin et al., 1987; Lochman et al., 2008; Shure & Spivack, 1982）。これらのアプローチの一般的な方法として，攻撃的な行動に関係する，標的となる構造に対する認知再構成の技法がある。攻撃的な行動の背景には，攻撃性を支持する信念や，敵意帰属バイアス，他人の動機を洞察することができない，等があると考えられている。

同様に，怒りをかきたてるようなラベル付けをされること，他人の意図の誤帰属，他人を責めるなどの認知的プロセスは，怒りの感情がわきおこる経験をさせるものである。まさに，認知的再評価は，過度の怒りを，論理療法の枠組みの中で扱うための，もっとも初期の技法の１つなのである（Ellis, 1977）。

2. 思考と感情のつながりについて話し合う

このテーマは，以下のような方法で子どもに紹介する。

怒りの感情と思考がつながるには二通りの道筋があります。例えば，人は誤った解釈をしてしまうことにより怒ってしまうかもしれません。私たちは，考えないで行動することで，いかに人はトラブルに陥るのかについて話し合ってきました。このことについて，あなたは，私にどのように話してきてくれたのか思い出してみましょう［この患者に関連する例をあげて］。私たちは時々，思考の中で過ちを犯すことがあり，これらの過ちの結果，怒ることになります。例えば，あなたは友達があなたの携帯電話を壊したと思い，実際には彼はそれに触ったことすらなかったとしましょう。つまり，私たちは何かを誤って解釈することにより，怒ることがあるのです。あなたは，誤った解釈により誰かに怒られた時のことを覚えていますか？　例えば，あなたの親が，あなたが本当はしていないことなのに，あなたがそれをしたと思った時などのことです。

2.1　過去に恨みに思ったことを思い出すことが怒りを生むこともある。セラピストは子どもに，彼を心から怒らせたことを思い出してもらい，しばらくその状況を記載してみるよう促す。

あなたは，［以前セッションの中で話し合った，強い怒りを覚えた状況のうちの１つを思い出しましょう］について話してくれました。少し実験をしてみましょう。あなたには，その出来事に戻って考えてみて，できるだけ詳しく思い出すようにお願いしたいと思います。

子どもが思い出すのを２，３秒待ち，どの程度の怒りを覚えたかよく考えてみることを促す。そして，彼を今もまだ怒らせる可能性があるか尋ねてみる。

2.2　考えないで行動することは問題を引き起こす可能性もある。しかし一方では，**深く考えすぎることや，怒りを引き起こす出来事についてよく考えることができない場合には，過度に強い怒りが生まれるかもしれない。**怒りの反芻について熟考することは，怒りの感情に関連した，様々な非適応的な思考の過程を把握するために役立つ方法であ

る（Sukhodolsky, Golub, & Cromwell, 2001）。子どもたちに，自分の怒りについて考える効果について教育する簡単な方法は，「熱い（hot），冷たい（cool），静かな（calm）」思考を区別することである。熱い思考は，私たちを怒らせる。このテーマは，「リマインダー」や，前セッションの，言葉によるラベルづけの技法の延長として考えることができ，1つのフレーズや1つの言葉しか使わない場合を除いて，子どもは自分の内なるつぶやきをモニタリングして，自然に頭に浮かんでくる激昂させる思考に代わる静かなセルフトークを用いることが勧められる。

　人は怒りを感じると，しばしば頭の中に激昂させる考えが浮かびます。例えば，あなたのお母さんがあなたに向かって，コンピューターを消して，宿題をするように言ったとしたら，あなたは，「お母さんはいつも僕に対してこういうことをする」もしくは「それは不公平だ」と考えるかもしれません。お母さんとの間に問題が起こると，いつも同じように考えるかもしれません。また，あなたの友達があなたを怒らすことを何かしてしまったなら，「あんなバカなヤツは殺してやりたい」と思うかもしれません。これらは，ホットな思考——我々を怒らせる思考の例です。
　一方私たちは，怒りの感情から抜けだすために，自分に語りかける内なる声を使うこともできます。私たちはこれまで，怒りを止めるために，頭の中でいくつかの簡単なことをつぶやく練習をしてきました。私が何について話しているのか思い出すことができますか？　あなたが「リラックス」「落ち着け」などとつぶやく時のことです。そんな時，私たちはこれらの言葉を「リマインダー」と呼んでいます。

　子どもたちは，彼らを怒らせる3つのことについてリストを作成することを求められ，それぞれの状況で，気持ちをしずめるために彼らが考えられることについてのリストを作る。子どもに対し，「しずまる考え」のワークシートを埋めるよう促し，思考が怒りといかに関連しているのかについて話し合う。子どもには，ホットな思考，クールな思考，静かな思考を自分なりに定義するよう促す。例えば，我々のプログラムに参加したある子どもは，音楽の授業中に，他の子どもが教師が見ていない時に，彼に向かってペーパークリップを投げつけたことを報告し，そして彼は心に浮かんだ考えのリストを作った。

　僕は彼の顔を殴りたい。
　人間性に腹が立つ。
　相手にする価値は全くない。
　彼は大ばか者だ；僕は彼のレベルにまでおちぶれる必要はない。

　この例では，最初の2つの考えは人をより怒らせ，また，第3，第4の考えは怒らすことはないが，4つ目の例の最初の句に使われているように，自分をあおる人間を特徴

づける言葉を選択する方がまだ適切かもしれない。

3. 問題を同定する方法を紹介する

問題解決の最初の一歩は，何かを問題として同定することである。怒りは，何かが問題であることを教えてくれ，また，解決法を見つけるエネルギーを私たちに与えてくれる。例えば，警察官は世界の不正に対して怒りに駆られるかもしれない。もちろん，怒りを感じたり，不満を覚えることは，私たちが楽天的ではない選択をしたり，その状況に関わる他者の目を理解することができなかった時，私たちが持つ問題解決力を下げるかもしれない。私たちの目標は問題を同定し，その問題を構成する要素を統合することであり，目標を阻止する環境が問題として認識されることである。

問題があれば，それをどうやって知るのかについて話し合いましょう。自分の望みを叶えようとしたり，維持したい目標に向かっている時，問題が存在するものです。問題は，2人の人間が違う目標を持とうとしたり，1つの単純な解決法では，両者の目標が合わない可能性がある時にも存在するかもしれません。人は時に，問題がある時に話をしようとします。なぜならば，彼らは怒りや悲しみを感じているからなのです。

例えば，このプログラムに参加したある少女は，パソコンで作業をしていた時，母親からパソコンを消すと言われ，母親に向かって怒り狂いました。問題は，この少女が終了までに時間がかかるような，例えば，iPodのプレイリストの更新などのようなことをしていたことで，母親の要求は，その作業を邪魔するものでした。もちろん母親が望んだのは，食事がまだ温かいうちに娘が夕食の席につくことでした。あなたはこの状況の少女と母親にとって，何が問題なのか考えてみることができますか？

3.1 問題を同定する例として，**子どもに自分のビデオゲームのシステムが動かないと想像することを促してみる**。

あなたは，何がうまくいっていない可能性があると思いますか？

あなたは自分なりの異なった見解を話すこともできる。その場合，その問題に関して，これらが指し示すことについて子どもに尋ねてみる。例えば：

観察記録	潜在する問題
照明がつかない	プラグが外れている
映像は来たが動かない	制御が働いていない
テレビはつくが，ゲームの画面が写らない	ゲームソフトが挿入されていない
テレビは見られるが，ゲームに切り替えても反応しない	プロセッサが壊れている

子どもに，問題の同定に役立つような情報を挙げることを促す。

3.2　問題状況に他者を組み入れる。

　　兄弟がシステムを壊してしまったと想像してみましょう。この状況をどうやって変えましょうか？　あなたの目標は何でしょう？　そのシステムを修理することでしょうか？　兄弟を罰することでしょうか？

　　他者を巻き込む問題は，より葛藤と議論を招くことになるのは明白である。問題のある状況について理解ができていることは，自分の反応をコントロールして，何とか進んでいくことに向けた第一歩となる。

　　通常，問題がある時にみせる私たちの最初の反応は，自分が欲することを試し，手に入れようとすることです。しかし，もう1つのゴールもあります。それはトラブルから離れることです。あなたのことを好きな友人との関係を保ちながら，また，あなたの兄弟とうまくやりながら，行動を起こすのです。たとえ彼がビデオゲームを壊したかもしれなくてもです。

4.　全体を把握する話し合いをする

　　本セクションの目的は，子どもが異なる視点で理解することを手助けすることである。人は，同じ問題でも，それぞれ違う角度からとらえる可能性があり，結果として，問題は何なのかということについての理解が異なる可能性もある。この点を説明する1つの方法として，目標を考え続けることが挙げられる。例えば，人々は問題を違うふうに捉えることがあるが，それは，彼らが互いに影響を及ぼし合いながら，異なる目標を持つからである。例えば：

　　ギニーが放課後帰宅した時，彼女は友達とサッカーをしたいと思いました。しかしながら，彼女が家を出る前，母親が彼女をひき止め，宿題を終わらせたら外に出てもよいと言いました。彼女は，自分が学校であまりうまくいっていないことを思い出し，それを変える唯一の方法は，宿題を必ず終わらせることでした。

　　子どもに，その状況での問題を同定することを促す。もし子どもが，問題は，母親が公平でないことや，ギニーが自分がしたいことができないことだと言ったら，この問題の同定が，いかに問題解決から遠ざけている可能性があるのかについて話し合う。なぜならばそれは，彼女は母親の行動をコントロールできず，子どもが問題を解決できることは少ないからである。セラピストは以下のように質問することができる。

　　　　お母さんにとっては，何が問題なのでしょう？
　　　　ギニーにとっては，何が問題なのでしょう？
　　　　問題はどのようにして始まったのでしょう？
　　　　ギニーの目的は何ですか？
　　　　お母さんの目的は何ですか？
　　　　お母さんの目的を知って，ギニーは自分が厄介な目に合わないように，何ができるのでしょうか？

4.1 **そこに出てくる自分以外の人々は，その状況について違うふうに感じているかもしれないことを子どもに尋ねてみる。** 活用できるかもしれないいくつかの状況についての例を挙げる。

　　　　君の友達が君のつま先を踏み，そのまま歩き続ける。
　　　　君はスクールバスでガムの上に座り，君の隣の子どもが笑い始める。
　　　　外で遊んでいる時に，君が友達の足につまずく。

　　代わりに，事前に子どもが報告した，問題となる状況を取り上げ，その状況がそこに登場する自分以外の人々にはどのように見えるのかについて再度検証する。

4.2 「目の見えない人と大きなもの」の練習を用いて，人々が，同じ状況に対していかに異なる感覚を持つのかについて，さらに検証する。このような取り組みは，より幼い子どもや，より遠慮がちな子どもに特に役立つかもしれない。

　　あなたに，目の見えない人たちについての話をさせてください。その人たちは，大きなものにでくわして，それが何であったのかを描き出そうとしていました。彼らはそれを自分の手を使って感じ，それぞれに異なる意見を考え出しました。

　　「僕は扇風機のように感じます」
　　「僕は木のように感じます」
　　「僕はロープのように感じます」
　　「僕は角のように感じます」
　　「僕は高い壁のように感じます」
　　「僕は蛇のように感じます」

　　実は，彼らは全員正しかったのです。その「もの」は，実際には象でした。あなたは，一頭の象の異なる部分が，このように異なるもののように見える方法を考えることがで

きますか？

　この取り組みができない時，その代わりの方法としては，子どもに対して，目の見えない人が触ったものが何か尋ね，その同じものの違う部分を書いてみるよう話すという方法もある。幼い子どもの場合には，セラピストはその子に対して各々の記述された部分を「目の見えない人と大きなもの」ワークシートに書くように促すこともできる。すべての部分が書かれたら，それらを1つのものとして集めて，合わせることができるかを見てみる。

　私たちは，その状況の一部分についてしか情報を持っていないことが時々あります。情報のすべてを持っていない時，何が起こるのかについての判断を間違うことはよくあることです。私たちは，他の人々が，その状況について言ったり考えたりしたことをよく考え合わせた時にようやく，その問題を最もよく理解することができるのです。

5.　敵意帰属バイアスについて話し合う

　敵意帰属バイアスは，よくある社会的認知の歪みの1つであり，それは過度に強い怒りと攻撃に導く可能性がある。それは，あるネガティブな結果は，他者に責任があると考えることと関係がある。子どもが「怒りのマネジメント日記」，もしくは，因果関係をテーマとして探っていくセッションを通じて報告する状況を利用する：その状況は起きたのだろうか？　責任は誰にあるのだろうか？　それは偶然起きたのだろうか？　それとも誰かがわざとしたのだろうか？　もし子どもに，悪い状況は他人がわざとすることで引き起こされるに違いない，という一貫した信念があることが明らかとなったら，それは敵意帰属バイアスの徴候であるかもしれない。

　以下の例について考えてみる。

　　彼は私を嫌いだからそうした（教師）。
　　彼はばかだからそうした（仲間）。
　　彼女はいつも私に対してそうする（母親）。

　子どもが代わりの説明を思いつくように導く。例えば：

　　彼は頭が痛かったからそうした。
　　彼は見ていなかったからそうした。
　　家に帰った後，彼女はストレスで参っていたからそうした。

　私たちにとって，反応して行動する前に，他の人が考えていることを理解することは

セッション4　問題の同定と特質

重要です。他人と言い争いになる時，私たちはその人が本当は何を求め，何を考えているのかを知りません。私たちは，それが何から生まれたのかということについて誤った考えを持っています。私たちは，他の人が自分を傷つけたがっていて，故意に何か悪いことをするとすぐに信じてしまいます。しかしながら，大体において人の行動には別の理由があるのです。これが，他者の行動の真意が何なのかについて考えて取り組み，そして理解しようとする理由です。

5.1 このセクションの目標の1つは，**他者の意図と目標を同定すること**である。最初に，人々の意図と動機について，セラピストは以下に示す単純な4つの領域を示す。このリストは完全ではなく，子どもの年齢や社会的な習慣に合うように修正することができる。次の4つの動機を，ホワイトボードや紙に書いて利用することもできる。

> 1. 役に立つ：良い意図──「彼らは私を助け出そうとしてくれた」
> 2. 感じ悪い：敵意のある意図──「彼らは私を怒らせたり，慌てさせたりしようとしていた」
> 3. 知らない：明確な意図はない──「彼らがなぜそれをしたのかは明確ではない」
> 4. たまたま：意図しない行動──「彼らがそれをしたのは偶然である」

それからセラピストは，下に掲げた2つの曖昧な描写を読み，子どもに対し，真意のリストを見直して，その人物の意図を同定させねばならない。

　1. あなたは学校のカフェテリアで昼食を食べていると想像しましょう。あなたが昼食をトレイに載せて，テーブルに戻った時，何かを踏んで滑ってしまったとしましょう。あなたがバランスをとろうとしている時，トレイが傾き，食べ物が滑って床に落ちそうになりました。誰かが手を伸ばしてお皿をつかんでくれたのですが，しかし，それを受け止めることができず，代わりに，彼はあなたの飲みものを叩いてしまい，あなたの服が飲みものでびしょびしょになってしまいました。

　2. あなたが宿題をしていて，レポートの約半分を打ち終ったその時，あなたのお母さんが夕食ができたと声をかけてきました。あなたはすごくお腹が空いていたので，すぐに行ったのですが，ファイルを保存するのをうっかり忘れていました。みんなでおいしい夕食を食べた後，あなたは友達に頼みごとがあって電話をしなければなりませんでした。その間，あなたの兄弟がゲームをするためにコンピューターをいじり，あなたの宿題のファイルを，保存せずに閉じてしまいました。

それが偶然による事故なのか，他の子どもが故意に問題を引き起こしたのか，この話から推測するのは，いかに不明確なものなのかについて話し合う。

5.2　**創造的な課題**に取り組むことは，子どもが，他者の真意について考えてみるのに役

立つ。セラピストは，グループの子どもたちが興味を示す雑誌や本から切り抜いた写真のファイルを作ることもできる。例えば，ある写真は，その人が嬉しかったり，悲しかったり，もしくは怒っているように見えるに違いない。また，ある写真には，スキーやサッカーなどのスポーツをしている人々が写っている。一方，様々な状況で会話をしているのを単純に見せているような写真もある。例えば，学校で課題に取り組んでいる子どもたちの写真が，同じく学校で破壊的行動をとった子どもに対し利用されることがあるかもしれない。1人の子どもに話しかけている大人の写真は，不服従などの行動の問題がある子どもに対し，用いることができるかもしれない。セラピストは，その写真について質問をしたり，子どもに以下に示す指針のように質問を使った短い物語を書くことを教示することもできる。

　あなたは，この写真の中で何が起きようとしているのか，物語を作り上げることができますか？　主要人物は誰なのでしょう？　彼は何が欲しいのでしょう？　彼は何を考えているのでしょう？　他の人々は誰なのでしょう？　彼らは何が欲しいのでしょう？　彼らは何を考えているのでしょう？

　子どもがその人物の行動と意図について述べている時，セラピストはそれを書き出すこともできる。子どもに，もし写真の中で自分が同定した意図を持った人が，自分に近づいてきたら，どのように対応するのか尋ねてみる。その取り組みで，子どもが推測した意図のリストについて話し合うことにより，1つの状況を共有していても，人はそれぞれ違う目標を持つのだという結論に達することができるかもしれない。子どもの返答を繰り返し，以前のセッションなどでの練習から，動機がどの領域のもの（役に立つ，感じ悪い，知らない，たまたま）なのかについて描いてみることもできる。

　実践を通じて，セラピストにとって，なぜその人がそれをしたのかを知ることは難しいことがしばしばあることを強調したい。他者の意図についてすぐに結論を出すのではなく，他者の行動に対して違う説明ができるか考えてみることを思い出すよう子どもに促す。

　私たちは，他者の意図について考える時，慎重でなくてはなりません。私たちが他者の真意について考えることは，その人に対する私たちの見方に影響を及ぼすかもしれないからです。それは間違っている可能性もあり，葛藤を呼び起こすかもしれない結果に一気にたどりつくのを避けるために，相手がなぜそのような行動をとったのかについて別の理由を考えてみましょう。

5.3　**誰かが自分の役に立とうとしているのかもしれないのに，怒りの感情がわくことによって，それを無視してしまう可能性**について話し合う。例えば，ホームワークの計画書を

失くして，いたたまれない気持ちでいる時，母親に「何があったの？」と尋ねられたら，助けを求めるより母親を責めることが真っ先に頭に浮かぶであろう。極端にいたたまれなく感じることは，他者の意図を読み取る時に，「盲点」を生み出すのかもしれない。

　　私たちは，悪いことが起きると，時に他人のことを考えなくなることがあります。なぜならば，私たちは，怒ることにより，こころに「盲点」が生まれるからです。盲点とは，他者に目を向ける時に，今現在起きていることに目を向けているはずなのに，実際には，過去のことにとらわれ，今の気持ちに影響を及ぼすということです。同様に盲点は，教師の，あなた自身や教室でのあなたの行動の捉え方に影響を与えるのかもしれません。また，両親にはあなたとの昔の葛藤がまだ頭に残っていて，現在の出来事を解釈するのに昔のことを思い出しているのかもしれません。あなたは自分が怒ったり，不満を覚えたりしている時の盲点について，何か考えてみることはできますか？

6. セッションをまとめ，ホームワークを出す

　　子どもに，このセッションで学んだことについてまとめることを促す。セラピストはまた，それに対するクライエントのコメントのいくつかを別の言葉で言い直すことにより，セッションの内容を結論づけることもできる。

　　今日，私たちは，思考と怒りのつながりについて話し合いました。また，思考が怒りの強さを変化させたり，いかに熱く，または冷たく変化させるのかについて話をしました。それから，問題を同定することについても話しました。時には考えるのをやめて，自分自身に「問題があるのだろうか？」と問いかけてみましょう。そうすれば実際，問題はないし，怒るようなことは何もないことに気づきます。例えば，もしあなたが，自分の兄弟が，あなたのホームワークの課題を保存しないでスイッチを切ったと考えたら，あなたは，兄弟がその課題を別のフォルダーに保存したことに気づくまで，ほんの一瞬にすぎないでしょうが，怒るかもしれません。

　　次に，問題は，欲しいものが得られない時や自分の目標に到達できない時に起こるものだということを話し合いましょう。私たちは，混乱した状況に，自分で設定できるおおまかなゴールをいくつか描いて，うまく対処しようとします。私たちの行動は，その人が私たちのことをどう思うのかということについてどう捉えるのか，ということによるのであって，それが怒りに反応したものであるかどうかはあまり関係がないのかもしれません。

6.1　「怒りのマネジメント日記4」は，プログラムの次のセッションに向けて，子どもが記入する。子どもは，その週の中で葛藤をおぼえた状況で，他者の行動の動機を適切に観察することができた時のエピソードを1つ記録する。

7. 親が入室し，ともに確認をする

　各セッションの終りには，親はそのセッションの教材を振り返るため，前の週における進歩や翌週に向けた怒りのマネジメントを知ることを目的に，短時間入室して，参加するよう求められる。子どもが，怒りや指示に従わないきっかけとなる可能性のある状況でも，適切な行動をとることができる例を示すために，親に対し問いかけをしていく（例えば，けんかから立ち去る，一度頼まれただけでゴミを捨てるなど）。子どもに対しては，セッションで学んだことを親に話すよう促す。もし必要であれば，セラピストはセッションの教材から，子どもに最も響いているように思われた2, 3のポイントを箇条書きにして示す。

セッション5

解決を生み出す

★ 目 標

1. ホームワークを提出してもらい，前回のセッションの教材を振り返る
2. PICCのワークシートを紹介する
3. 問題状況で様々な解決を生み出す練習をする
4. 怒りの問題解決の効果について話し合う
5. 適切な言葉を用いた解決を用いることを強化する
6. セッションをまとめ，ホームワークを出す
7. 親が入室し，ともに確認をする

ワークシート

問題の同定，選択，結果（Problem Identification, Choice, and Consequences：PICC）
問題解決の前の怒りのマネジメント（Manage Anger before Problem Solving：MAPS）
怒りを丁寧に表現する言葉

☑ ホームワーク

怒りのマネジメント日記5
PICC（任意）
MAPS（任意）

1. ホームワークを提出してもらい，前回のセッションの教材を振り返る

子どもに，前回のセッションの内容を思い出すよう促す。もし必要ならば，前回のセッションを以下のようにまとめる。

前回私たちは，問題の同定について話し合いました。先週1週間で，この知識を使う機会はありましたか？　私たちはまた，人は葛藤を覚える状況でそれぞれ違う目標を持つということについても話し合いました。前回お話したことを考えながら，人の意図について，なぜそのようにふるまうのか，他の人々の目標について考える機会はありましたか？

1.1　「怒りのマネジメント日記4」で報告された状況を振り返り，他者の行動と意図を理解するには複数の異なる道筋があることを強調する。もし必要ならば，前回のセッションで示したように，意図の種類をいくつか繰り返す。

1.2　もし子どもが，**自分で考えた手の込んだ創造的なホームワーク**を持ってきたら，一緒に振り返り，セッションとセッションの間の怒りのマネジメント・スキルの練習をして励ます。

2. PICCのワークシートを紹介する

この図は，社会的問題解決モデル（Lochman et al., 2008）の重要なステップである。問題の同定は，怒りがわきおこる状況についての思考や，それに関係する人々の目的や真意ばかりでなく，自分の目的を達成していく中での葛藤にも関係する。それぞれの解決法からは，具体的解決をいくつか生み出すことができ，それらは結果を予測することができるので，葛藤を防いだり，解決したりするのには必要な社会的問題解決スキルなのである。以下の台本は，今回のテーマを示すのに使うことができる。

私たちは何らかの行動をとる時にはいつも，その行動についてのこころのプランがあります。それは無意識なので，私たちはそれに気づかないかもしれませんが，私たちが何かをする時にはいつも，行動を調節するこころのプログラムが働いているのです。このこころのプログラムは，コンピューターのソフトウェアのようなものではありません。私たちは，何か新しいことを学ぶたびに，新たなソフトウェアがダウンロードされるのです。例えば，バイクの運転を学ぶことについて考えてみましょう。最初，それはあなたにとって難しく，あなたは当然転ぶでしょうが，ひとたび運転の仕方を覚えれば，バイクに乗ることは後天的な習癖となり，それを忘れることはないでしょう。同様に，あなたが解決すべき問題を抱えた時，あなたが何を言い，どうするのかを決めるのを助けるこころのプランがあるかもしれません。今日私たちは，効果的な問題解決の戦略の作

り方について話をしましょう。もしあなたが十分時間をかけてそれを練習すれば，それはあなたにとって，バイクに乗るのと同じくらい自然なものとなり，その結果，あなたは，自分で扱わねばならない問題がある時，最大限ベストのことが自然にできるようになるでしょう。

2.1 「問題の同定，選択，結果（PICC）」のワークシートを使用し，問題解決を成功させるための各ステップについての話し合いを手助けする。

私たちはPICCの図を問題の「あらさがしをする」ためにではなく，実際に役立つ良い選択を「拾う」ために使います。

ここに，PICCの書き方の例を示す。

I. 問題の同定
1. 問題は何でしょう？ 僕がテレビを見ていたのに，妹はチャンネルを変えた。
2. あなたはどうしましたか？ 妹を枕で叩いた。
3. 他の人はどうしましたか？ 妹は母に話し，僕は部屋に行かねばならなくなったので，僕は，自分が見ていた番組を最後まで見ることができなかった。

II. 選択　　　　　　　　　　　　　　　　　　　　　　　III. 結果（それぞれの選択に対して）
A. この状況で，あなたは何ができたでしょう？
1. 妹を追いかける。　　　　　　　　　　　　　　　　　1. ますますトラブルが増加する。
2. 自分が見ている番組はまもなく終わることを妹に告げる。　2. 妹は相手にしてくれない。
3. 自分が見ている番組を，古いテレビで見る。　　　　　　3. こうすると，妹はいつも，他の部屋で大画面のテレビを見る。
B. この問題では，何が最良の（解決）方法なのでしょう？ 僕は，番組は5分で終わるだろうし，そうすれば妹は自分の好きな場所でテレビを見ることができると彼女に話すことができた。

---

3. 問題状況で様々な解決を生み出す練習をする

本セッションの目的は，子どもの問題解決の本質への理解を深めることであり，問題状況が起きた時に活用することができる。それは異なった解決法を生むことがうまくできるようになるばかりではない。セラピストは，子どもから事前に報告された問題の1つを例にとって，できるだけ多くの解決法を生み出すよう本人に取り組んでもらうことができる。

この問題への解決法をできるだけ多く私に話してもらえますか？ それがどんなにばかげているとあなたが思ったとしてもかまいません。

子どもが様々な解決法を挙げている時，セラピストはそれをまとめながら書きとめな

くてはならない。解決法は以下のようにいくつかのカテゴリーに分類できる。

> 助けを求める：誰かに助けてほしいと頼む。
> 交渉する：あなたの欲しいものを頼む。もしくはそれについて話をして，問題を解決しようとする。
> 言葉による攻撃：意地悪なことを言う。あざける。
> 身体的攻撃をする：けんかする。叩く。
> 回避する：後で自分に戻ってくるような方法で問題を回避する。

3.1 もし子どもが，現実の生活状況で解決を生み出すことが困難なのであれば，**仮の話題を用いる**。可能な解決法は8つあるが，2分で，そのうちのいくつかを示すように提案することで，競争力を増すことができる。

　架空の状況を想像してみましょう。あなたが放課後メールを打っている時，他の友達がそばに来て，携帯電話をあなたからひったくりました。それからその友達は，あなたが電話に保存しておいた写真を見始めました。この問題をすべて解決できる可能性のある方法はどれでしょう？

可能な解決法
1. 今は電話については忘れ，後で返してもらう。
2. その男の子に電話を返してくれるよう要求する。
3. その男の子に，今大事なメッセージを送っている最中だと話す。
4. 先生に言いに行く。
5. 電話を掴んで取り戻そうとする。
6. 電話を返してもらうのを助けてくれる大人を探しに行く。
7. 1人で立ち去って，ベンチに座る。
8. 友達を見つけて話をする。

　解決法を，上記を参考にそのクライエントにより適しているように見える分け方で分類する。このような分け方は，問題がいかに解決可能なものであるかという，認知的スキーマの構築に役立つ。話し合いを進めて，最良の選択をすれば問題は解決し，友情を保ちながらトラブルを避けることができるという結論に導く。

3.2　仲間，親，教師と問題解決を練習する。

　先生（そして親，それから仲間）との問題についてのPICCのワークシートをもう一枚埋めてみる。

セッション5　解決を生み出す

　　　3つの状況それぞれに向けた，ベストの選択の解決法のロールプレイをする。セラピストが子どもの役を演じている間，子どもに対して他の人の役割をするよう指示し，役割リハーサルの技法を用いることができる。その後，セラピストは役割を替え，セラピストが他の人とのロールプレイをしている間，子どもにロールプレイをしてもらう。

4.　怒りの問題解決の効果について話し合う

　　ネガティブな感情は，一般に，考えを妨害し，特に，社会的状況についての考えを妨げる。セラピストは，問題解決の情報を，最初の4つのセッションでの教材につなげ，次の重要ポイントから話し合いに導くことができる。

　　怒りの感情は，敵意をもった考えをかきたてるかもしれない。
　　良い行動計画について考える前に，怒りの感情がわきおこるかもしれない。
　　怒りの感情は，私たちが，その問題について静かに話をする力を弱めるかもしれない。

　　以前作成した「怒りのマネジメント日記」を用いて，子どもがそこに以前記載した，現実の生活での問題を解決するために話し合う。その瞬間怒り出すことは，彼の解決を生み出す力に影響を及ぼすかどうかについて尋ねてみる。問題解決における怒りの効果は，盲点や視野狭窄（tunnel vision）と比べてみると理解しやすいかもしれない。

　　私たちが怒る時には，問題を理解したり，選択について考える力が狭まっている可能性があります。私たちは，自分の目の前にあるもののみを見，周りを見ることができなくなるのです。それはあたかも，私たちがトンネルの中を運転している時のようです。目標は，トンネルから抜け出し，何が私たちの周りにあるのかを見ることです。だから，私たちがここで，違う解決法について話す時，あなたが，たくさんの違う選択肢を思いつけば問題はなくなるように思えます。それは，葛藤があなたの中に実際に生まれた時，それらの問題解決スキルを用いることができるということなのです。

4.1　怒りの感情のモニタリングと他の感情調節の技法を，問題解決スキルにつなげる。子どもに対し，怒りの明確なサインを利用するよう促し（状況的，情緒的，もしくは，身体的），それを彼がもっとも活用できそうな怒りのマネジメントの技法につなげる。「問題解決の前の怒りのマネジメント」（Manage Anger before Problem Solving：MAPS）のワークシートを用いて，怒りのサインを知ることと怒りのマネジメントの技法を，問題解決技法に加える。次にMAPSへの記載例を示す。

> 僕は，自分が怒っているということがどうやってわかったのだろう？
> その状況はどんなだったのだろう？ お母さんは僕に電話から離れるよう話し，友達が漏れ聞いていた。
> 身体に表れる怒りの兆候は何かあっただろうか？ 僕は一瞬頭に血がのぼるのを感じた。
> どんな言葉が頭の中をかけめぐったのだろう？ 僕は「お母さん，黙れ！」と言いかけていた。
>
> 怒りを抑えておちつくために，僕は何ができただろう？
> 呼吸法？ リラクゼーション？ 僕は深呼吸をした。
> 心でつぶやいて気持ちをしずめた？ もし彼女をどなったら，彼女は僕を今晩ショッピングモールに車で連れていってくれないだろうと考え，気持ちをしずめた。
> 気晴らしは？ どれもわずかな時間でできるのだけれども，僕はどれもやらなかった。

5. 適切な言葉を用いた解決を用いることを強化する

　ソーシャル・スキルとコミュニケーションについての戦略は，セッション7～9で，より詳細な部分まで話し合うことになっている。このタイミングは，問題について静かに話をすることが，解決を見出すための最良の方法であるという話をするのに適していると言える。身体的攻撃をしがちな子どもは，言語スキルに困難を抱えていることが多いものである。彼らは，その状況に合った言葉を用いたり，他者との交渉において，自分のことについて話したり，言葉で要求することが難しい可能性がある。したがって，何を言うべきかわからない子どもは，悪態をついたり脅したりして，不適切な言葉を使うことになるかもしれない。言い争いが多かったり，大人に言い返すことが多い子どもたちは，あるいは喋りすぎると言われてきたかもしれない。これもまた効力の弱いコミュニケーションなのである。なぜならば，これは問題解決にはならず，他者を悩ませるだけだからである。このセッションの中での，問題解決に向けたトレーニングの一部として，子どもが特別な問題に直面した時に用いることができる，正確に記述した台本を以下に示す。

　通常，葛藤があった時には，その問題について話し合い，一緒に解決していくと最良の結果にたどりつくことが多いものです。またそのように，うまくいった相互関係を経ることによって，関係はより良いものとなっていくかもしれません。ここでのキーワードは話をするということです。仮に，あなたとお父さんとの間に何か問題が起きたとしましょう。あなたとお父さんはそれについて話し合い，問題を解決し，それから一緒に釣りに行くのです。あなたたちは問題を解決して，その結果，以前よりももっとお互い楽しい時間を過ごすことになります。今日私たちは，問題解決のいろいろな意味について話し，私は，話し合うこと（negotiation）は勝つことであるとあなたに言います。あなたが，言葉による解決を生み出すことができなければ，まず最初に，自分が何を言いたいのかを考えて，次にそれは他の人にどのような影響を及ぼすのかを考えましょう。

もしあなたがそれを言わなければならないのであれば，次のように自分自身に問いかけてみましょう。それは問題を解決する助けになるの？　それはこの人との関係を改善するの？　それは自分たちの関係を損ねないの？

5.1　**言葉による問題解決を練習する。**セラピストは「怒りを丁寧に表す言葉」のワークシートを使って，子どもたちに報告してもらい，怒りがわきおこった状況でこれらの丁寧な言葉をどのように使うことができたかについて尋ねる。

　より年長の子どもたちは，このセッションで話し合われる問題解決スキルと，駆け引きの世界で行われる交渉に類似点があることに気づくかもしれない。交渉が成功に終わる時には，それは，礼儀正しく穏やかな声で進む。それは，以前に解決に至らず失敗に終わった時ですらそうである。また，子どもがしばしば繰り広げているであろう，両親と言い争う場面のロールプレイをする（日常のこと，コンピューターを使用する時間，宿題，などについて）。問題について，直面化や議論にエスカレートしない方法で話し合いを持つ練習をすることを促す。確かなことは，罵り言葉，こき下ろし，嫌味などは，効果的なコミュニケーションの妨げになるということである。

　　嫌味――「あなたは本当に正しいです」
　　罵り言葉
　　こきおろし――「あなたは私のいうことなんか，決して聞いてくれません」
　　無関心な言い方――「何でもいいよ」

6.　セッションをまとめ，ホームワークを出す

　セラピストは，セッションの内容をクライエントの話すいくつかのコメントや言葉に言い換えてまとめる。

　今日，私たちは問題解決法の様々な異なるステップについて話し合いました。最初のステップは，問題があることを知ることです――それは，あなたにとっても他の人にとってもそのどちらについてもあてはまります。次のステップでは，この問題に対して，実行が可能な方法を探索し，複数の方法をとってみると仮定して，その結果がどうなるのかを予測します。最後のステップでは，たどりついた最良と思われる解決法を，静かな声で実行に移すことです。また，怒りがいかに私たちが本来持つ問題解決力を低下させるかについても話しました。だからこそ，私たちはまず最初に怒りをマネジメントし，それから問題解決に向かわなければならない，ということについても話し合いました。

6.1　「怒りのマネジメント日記5」は，次回のプログラムセッションに向けて作成される。子どもは，怒りにうまく対処して言葉による問題解決戦略を用いることができたエピ

ソードを1つ記録する。

6.2　PICC と MAPS は，追加ホームワークとして出すこともできる。これらは，この週の「怒りのマネジメント日記5」と一緒に出されるが，もし子どもがセッションの中で快く受け入れてくれたならば，ホームワークの一部として出すこともできるかもしれない。

7. 親が入室し，ともに確認をする

　各セッションの終わりには，親はそのセッションの教材を振り返り，前の週に子どもがいかに進歩したのか，また，翌週に向けた怒りのマネジメントのあらましに目を通すために短時間ではあるが，入室しての参加を求められる。子どもが怒りや指示に従わないきっかけとなる可能性のある状況で，適切な行動をとることができた時の例を挙げて，親に尋ねてみる（例えば，けんかから立ち去る，一度頼まれただけでゴミを捨てるなど）。一方，子どもに対しては，セッションで学んだことを親に話してみるよう促す。もし必要であれば，セラピストはセッションの教材から，子どもに最も響いているように思われた2，3のポイントを箇条書きにして示す。

セッション6

結果を評価する

★ 目標

1. ホームワークを提出してもらい，前回のセッションの教材を振り返る
2. 結果についての考えを紹介する
3. 他の人々の結果について話し合う
4. 結果について考えることを練習する
5. 問題解決トレーニングへの抵抗を解決する
6. セッションをまとめ，ホームワークを出す

ワークシート

問題の同定，選択，結果（PICC）
問題解決の前の怒りのマネジメント（MAPS）
釣り用ボート
行動契約

ホームワーク

怒りのマネジメント日記6

1. ホームワークを提出してもらい，前回のセッションの教材を振り返る

　前回，私たちは問題解決の3つのステップについて話し合いましたが，あなたはそれが何か覚えていますか？　先週起きた何らかの葛藤状況で，PICCのワークシートを使う機会はありましたか？

　私たちはまた，怒りがいかに自分の行動の結果について考える力を妨害するのかについても話をしました。問題解決の前に，怒りのマネジメントへのMAPSを使用したアプローチを，私たちがどんなふうにして練習してきたのかを思い出してもらえますか？

　あなたには，問題解決のステップと組み合わせて使う機会はありましたか？

1.1　「怒りのマネジメント日記5」で報告された状況を振り返り，対人的な問題を解決する方法は，いつでも2つ以上あることを強調する。子どもが，問題解決のホームワークの一部として，生み出した解決を振り返り，その解決法が，他の場面でも使えるようにするため，特定の戦略を実行するその根拠について話し合う。できれば，子どもが，葛藤につながるすべての人たちに受け入れてもらえるような解決を話し合うことを目指したい。しかし，もしそのように運ばなくとも，このような方法は，言葉による戦略をモデルとしたり，ロールプレイをする良い機会となるかもしれない。

2. 結果についての考えを紹介する

　このセッションの主なテーマは，行動の道筋として，複数の結果があることを学ぶことである。このセッションを始めるにあたり，子どもが先のセッションでのPICCのワークシートで（もしくは，出されたホームワークで）生み出した結果についていくつか振り返って考えてみることを促す。もし必要であれば，セラピストは「結果」という単語の意味について以下のように振り返ることもできる。

　あなたがすることの結果として起きること。私はあなたに，自分にとって「結果」という言葉はどのような意味を持つのかについて話してほしいと思っています。あなたはそれをどのように定義しますか？

　「先を読む」ことは，本テーマについて話をするもう1つの方法である。それは「結果」という言葉をまだ知らないかもしれない幼い子どもでは特にそうである。

　葛藤場面における子どもの行動の，結果への影響についての話し合いを進める。結果について話をする最も簡単な方法は，結果を，「君が欲しいものを得る」のようなポジティブなもの，もしくは，「トラブルに見舞われる」というようなネガティブなものに分けることである。同時に，人の行動は様々な効果を持つ可能性がある。それは，その人自身の自己イメージ，その人の評価，他者の気持ち，他者とその人との関係などのこ

とである。例えば，言い争いをした結果，欲しいものを手に入れても罪の意識を感じたり，そこに関係する他の人々との関係を損なうようなネガティブな結果も同時に得ることになるかもしれない。子どもたちは，自分の行動が他人に及ぼすネガティブな影響について考えないかもしれない。例えば，子どもは，親の気持ちを押し付けられたことが，自分をいかに傷つけたかについて主張し，すぐに言い争いになったり，また，そのような時には教師は言い返すことができなくなったりする。けんかで身体を傷つけられた仲間は，ネガティブな行動をとった結果として受け取られるかもしれない。したがって，結果についての思考を考える上で重要なことは，その人自身の行動の，他者に対する影響を予測することなのである。

　結果について考える時，私たちは，この結果が自分にとってどのような意味があるのかということについて考えます。私たちは，何かのことでトラブルに巻き込まれそうな時，それを避けることができるでしょうか？　私たちは，自分の行動の損益については考えます。しかし，最も重要なことの1つは，他の人に対する影響を考えながら，自分の行動の結果を考えなければならないということなのです。彼らは，それでも私たちを好きでいてくれるのでしょうか，それとも嫌われるのでしょうか？　私たちがとった行動の結果，他者が私たちのことをどう感じ，何を思うのかを分析して，心に留めておくのは大事なことです。あなたは，自分をあたかも他者の靴の中にいるように感じて，あなたの行動が彼らにどのような影響を与えるのか考えていなくてはなりません。

　セラピストは，先に報告された葛藤状況のいくつかを選び，このような状況は，先に結果について予測し考えることにより，予防や解決ができる可能性があるかどうかについて話し合う時にこれらを用いる。

2.1　「釣り用ボート」のワークシートを用いて，結果について話し合う。子どもにワークシートを渡し，自分だったらどのアイテムを手元に残し，どのアイテムを船外に投げ捨てるのかを決めるよう促す。

　あなたは釣り用ボートに乗っているとします。あいにくの悪天候で，海岸から数マイルのところでエンジントラブルに見舞われていると想像しましょう。船長は，天候が荒れているから，ボートを軽くして沈没を回避しなくてはならないと話しました。あなたは，乗組員として，どのアイテムを手元に残し，どのアイテムを船外に投げ捨てるのかを決めなければなりません。あなたは3つのアイテムしか持ち続けることを許されません。
　ここに，アイテムのリストと，使用方法について挙げます。

- マッチ箱　　　　　　　　　　調理の時に火をつけます
- ラジオ（船と陸の間の無線）　救助を求めるために，他の人にコンタクトをとることを試みます
- コンパス　　　　　　　　　　進む方向を決める時に役立ちます
- 航海地図　　　　　　　　　　進む方向を決める時に役立ちます
- 水の入った10ガロンのポット　あなたは海の水を飲むことはできません
- 信号炎管（信号弾）　　　　　もし救助隊が見えたら，これを使ってあなたに注意を向けさせることができます
- 救命ゴムボート　　　　　　　もし船が沈み始めたら，あなたが溺死するのを防ぎます
- 100フィートのロープ　　　　自分を船に結べば押し流されません
- 懐中電灯　　　　　　　　　　夜にあなたがものを見る助けとなったり，光信号を海岸に送ったりします
- ライフジャケット　　　　　　もしあなたが船外に落ちても，溺死するのを防ぎます

　子どもに2，3分間，作業の時間を与えて，それから，それらの結果という観点から，それぞれのアイテムを手元に残すか，放棄するかについて，子どもがどう決定したかについて話し合う。子どもに，各アイテムを船外に投げ捨てた時に起こりそうな結果について考えてみることを勧めてみる。それから，子どもが自分で決定したことにどれほど信頼を置いているのかということについて話してもらう。以下は，話し合いの中で出るかもしれない質問である。

　この状況での問題は何でしょう？
　結果について考えることは，どのアイテムを手元に残すべきあなたが決定する時に，その決定を変えるのでしょうか？
　この取り組みは，怒りのコントロールのプログラムにどれほど関係しているのでしょうか？

　この取り組みもまた，誰にでも起こるかもしれない，生きるか死ぬかという状況と，日常の問題に対する意思決定という違いを際立たせるものである。普段よく起こるような問題では，生死を賭けることはなく，それゆえ，行動と決断をより柔軟にできる余地はある。

3.　他の人々の結果について話し合う

　我々の研究に参加した子どもの1人とは，観察した結果を共有することができた。彼

セッション6　結果を評価する

の母親は，家で頻繁に起こる彼女が「暴力的」と表現する言い争いについて思い悩んでいた。しかし，その少年の方は，自分たちはただ話しているだけだと感じていた。彼に，母親の感じ方をどのように思うのかについて尋ねた時，彼は「僕は，僕たちの間にそんなに多くの問題があるとは思っていません。問題になるのは，例えば誰かが窓越しに岩を投げるような場合です。僕たちの場合は，砂の小片をガラスに向かって軽くはじくようなものなのです」と話した。これは，少年と彼の母親が，問題をどのように知覚しているのかということで，それが実は，いかに人により異なるものなのかということを話し合うのに良いスタートとなったと考える。彼の考えでは，それは砂の小片であったが，彼の母親には窓越しに投げられる岩として見えていた。

　子どもに，他者，特に親を悩ませる言動があるか，また，それを自分で認識しているのかどうかについて尋ねてみる。セラピスト自身が親から聞いた，子どもに関する不満について話すべきかどうかを決める時には，セラピストは，慎重に行わねばならない。開かれた質問を使うことを試しながら，思慮深い自己観察があればそれを褒める。

　あなたは，葛藤をおぼえた時，自分がどんなふうに話をして，行動しているのかについて，何か気づいたことがありますか？
　親（または教師，近所の人など）と何かを話し合う時，その人たちに苦しい思いをさせているかもしれないと自分で気づくことはありますか？
　問題解決の妨げになるかもしれないことは何かありますか？

　それからセラピストと子どもは，子どもが自分で決めて，行動計画を立てたり，また，行動計画が失敗するような（治療）契約を進めるのに役立つように，1つの例として悪い習慣を1つ選ぶこともできる。ここで，「行動契約」の見本を示す（ワークシート25）。ここでは，「悩ましい癖」の例で，誰かと言い争いをして，その時，彼が議論の核心をつくまで，長すぎる話が続くことを取り上げている。

4.　結果について考えることを練習する

　親や教師を巻き込む，典型的な問題状況を思い出してもらう。子どもに，できるだけ多くの解決法を見つけてもらい，その解決法が，他者の気持ちにどれほど影響を及ぼすのか，そして，それが他者との関係にもいかに影響があるのかに気づくよう促す。また，子どもに，他の人がこれらの解決法に対してどんな行動をとるのかを予測してもらう。話し合いを導くには以下の質問を使ってみることもできる。

　この解決法では，結果はどうなるのでしょう？
　その人は，もしあなたがこれをしたらどのように感じるのでしょう？
　その人は，あなたの行動に反応してどのような行動をとるのでしょう？

他に何が起こるでしょう？
他の人は何か他のことをするのでしょうか？
他の人は何か他のことを感じるのでしょうか？

この取り組みの目標は，社会的な葛藤の中で次に続く考えを練習し，その考えを強化することなのであるが，それぞれの「考え」にはそれぞれの結果がある。以下に，その話し合いから引き出される結論について記載する。

良い決断をすることは，起こる可能性のあることすべてについて，その結果を考え，解決法を選ぶために必要なことであり，それは両者ともに，問題を軽くし，あなた個人の目標に到達するのに役立ちます。他の人との，ポジティブな関係を維持することは，葛藤を解決する目標でもあることを思い出してみましょう。

これは「怒りのマネジメント日記」に戻り，子どもに，過去の葛藤をおぼえる状況でのその子どもの選択をいくつか分析してもらうことを求めるよい機会になるであろう。
この活動では，仲間との問題解決が再現されなくてはならない。もしそのために必要な練習をする時間がとれなければ，子どもにとって最も困難な状況を選ぶ。社会的問題解決力の欠損は状況により様々である：

- 家族：例えば，兄弟，母親，父親，雑用など。
- 学校：例えば，教師，級友，授業中，教師がいない時間など。
- コミュニティ：例えば，商店街の大人，警察官，近所の人など。

4.1　「結果の三目並べ」では，異なる問題の結果について考えながら，ゲームをする。ボードゲームの三目並べを使うか，もしくは，ライティングボードに三目並べの格子を書き，ルールを以下のようにして話し合う。

私たちは，問題となる状況で行動を起こした時に，それに続く，それぞれに異なる結果について考えながら，ゲームをします。私が問題を読み上げますので［下に挙げた，もしくは代わりのもので，子どもに問題を示すよう促しましょう］，その問題に対し，1つの解決法と少なくとも1つの結果を思いつくようにしなければなりません。あなたはまず最初にあそこに行って，1つの解決法と1つの結果を思いついた後，ボード上の君の好きな場所に×を書くことができます。それから私は，問題への解決法と結果について考えることに目を向けます。もし私が，違う解決法と結果を思いつくことができたら，私は，ボードの好きな場所を選んで○を書きます。次のことに新たに目を向ける前に，全員が新たな解決を思いつかなければなりません。

セッション6　結果を評価する

ここでは，以下の台本を用いることができる：

1. 1人の級友があなたの鉛筆を取り，窓の外に向かって投げます。
2. 1人の級友があなたをからかい，名前を呼び始めます。
3. 1人の級友があなたについての悪いうわさを広めていたことを知ります。

これを数ラウンド行い，適切な解決に対する社会的な強化をする。子どもが，向社会行動をとればご褒美があるということを理解できるよう導く。

5. 問題解決トレーニングへの抵抗を解決する

ネガティブな結果について話すことの課題の1つは，子どもはその結果について考えたくないと主張するかもしれないということである。それは，長期にわたる葛藤がいくつかある場合に特にそうであるかもしれない。私たちはこれまでの仕事の中で，ギアを切り替えて違う主題に移る方が，子どもが結果に目を向けることを試すよりも容易であることを発見した。一般的に，結果について，違った角度からより幅広い視点で話し合うことは，もしそれが，特に困難な問題に直接駆け上がろうとするのでなければ，それを受容的に受け止めてくれる人を見つけるよい機会となるかもしれない。そのような時には，その問題が何であれ，セラピストは，別の怒りのマネジメントの技法を用いて，改めて話し合わなくてはならないかもしれない。

ハイリスク行動をとることが，ネガティブな結果に終わる可能性が低いと考えることは，セラピストが出会う子どもにとり，別の問題になるかもしれない。特に思春期の若者において，もし飲酒や無防備な性行為，ギャングのけんかに加わることなど，問題行動のリスクがあるならば，スーパービジョン（supervision）を受けながら，その中で話していかなければならず，それは，本マニュアルの範囲を超えたものである。それらは，また別の切り離した対応が必要とされ，臨床上，注意すべきことに焦点を当てていかねばならないであろう。

6. セッションをまとめ，ホームワークを出す

セッション中で子どもに最も関連すると思われる部分をまとめる。例えば，

今日，私たちは結果について話し合いました。単にトラブルから抜け出すことだけが目的ではなく，もっといろいろな方法があるということです。私たちの行動は，自分への評価，友情，他者の気持ち，それから他の人々が私たちのことをどう考えるか，などに影響をおよぼすかもしれません。だから，私たちの行動がどのような効果をもたらすのか，それについて，すべての可能性を考えることが重要です。

6.1 「怒りのマネジメント日記6」は，次回のセッションに向けて作成される。子どもには，セッションの翌週の出来事の中から，問題状況で自分がとった行動の結果を考えて，役に立った問題解決を真似することができたエピソードを1つ記録することを促す（「先を読む」方法）。

7. 両親が入室し，ともに確認をする

各セッションの終わりには，親はそのセッションの教材を振り返るために，前週の間での進歩や翌週に向けた怒りのマネジメントを見渡すために短時間入室し，参加するよう求められる。子どもが，怒りや指示に従わないきっかけとなる可能性のある状況で，適切な行動をとることができた時の例を示すために，親に対し問いかけをする（例えば，けんかから立ち去る，一度頼まれただけでゴミを捨てるなど）。子どもに対しては，セッションで学んだことを親に話すことを促す。もし必要であれば，セラピストは，セッションの教材から子どもに最も響いているように思われた2，3のポイントを箇条書きにして示す。

モジュール3

ソーシャル・スキル

セッション7

仲間の怒りがわきおこった時のために対処の型を作る

★ 目　標

1. ホームワークを提出してもらい，前回のセッションの教材を振り返る
2. ソーシャル・スキル・トレーニングを紹介する
3. アサーティブで穏やかな行動について定義し，話し合う
4. 仲間の怒りがわきおこった時のために対処の型を作る
5. アサーティブなスキルを練習する
6. 社会的な相互作用の非言語的な面について話し合う
7. セッションをまとめ，ホームワークを出す
8. 親が入室し，ともに確認する

教　材

ドミノ，トランプもしくはジェンガ：一枚の鏡

ワークシート

ロールプレイの練習
行動の3通りの方法

ホームワーク

怒りのマネジメント日記7a（からかいに対するアサーティブな反応）
怒りのマネジメント日記7b（からかいを無視する）

1. ホームワークを提出してもらい，前回のセッションの教材を振り返る

先週の「怒りのマネジメント日記6」を振り返り，問題解決がうまく報告できていればほめる。子どもには，前回のセッションで使用した教材について思い出すことを促す。

セラピストへの注意：問題解決と認知再構成の技法は，どの子どもにも響くというものではないかもしれない。もしその子どもが，トレーニングの問題解決モジュールについてあまり思い出すことができなければ，それは，他の怒りのマネジメント・スキルの方がその子どもにとっての意味があるということなのかもしれない。もし治療が，調査研究の一部として行われるのであれば，セラピストは，前回のセッションの内容の振り返りを，治療内容の遵守の要件を満たしながら，行わなければならない。もし治療が，臨床介入として行われるのであれば，セラピストはその振り返りは飛び越えて，新たな教材に移ることもできる。

プログラムの，問題解決の部分は，以下のようにまとめることができる：

問題解決が成功すると，正しく行動すること，問題を解決すること，トラブルから立ち去ることができるようになります。けんかを避け，相手の名前を呼ぶことは，問題解決が成功した1つの例でもあります。つまり，私たちは行動をその結果で判断できるということです。前回私たちは，葛藤状況で，自分のとる行動が，我々の評価や友情，他の人々の気持ちにいかに影響を及ぼす可能性があるのか，ということについて話をしました。人は，自分が起こした行動により，トラブルに巻き込まれることもあるのです。私たちの行動により，引き起こされる可能性のある，様々な結果を考えることは重要です。

私たちが話し合った，次に重要な点は，私たちの信念は，葛藤状況での我々の判断と行動に影響を及ぼすかもしれない，ということです。それに対して行動する前に，私たち自身の信念（自己批評）を調べてみるのは役立ちます。

2. ソーシャル・スキル・トレーニングを紹介する

残りのセッションの目的は，怒りのマネジメントと問題解決の戦略を選ぶことであり，これらが案外うまくいく子どもたちもいる。このセッションの目的は，仲間の怒りがわきおこった時に，自らがとる行動について，あらかじめ決められた道筋が頭に浮かぶようになることである。セラピストは，これまで使ってきた教材がどれほど役立つかということについてのフィードバックを子どもからもらい，この子どもが頻繁に出会う問題に対処するためのスキルの型を作ることができる。以下の台本は，このことを子どもに紹介する時に用いることができる。

セッション7　仲間の怒りがわきこった時のために対処の型を作る

人は誰でも，時には，友達や兄弟姉妹，学校の教師や親たちと争うことがあります。私たちがそのような状況で起こす行動は，実は，物事をさらに悪くすることである場合も時にはあるかもしれないのです。私たちはどうするのが正しいか，については言いません。それは例えば，声を上げる，顔に怒りの表情を表す，などのようなことです。どうすることが正しいのか知っているかもしれないにも関わらず，実際には，私たちは，そのことにとても強い関心をもっているのに，いまだにその行動をとることができずにいます。時には，自分が意図していないのに，それが自分の口から出たように見えることもあります。私たちは，自分が，言い争いがヒートアップした時や，けんかしている最中に，そのような自分に気づく時があり，驚くものです。特に怒っている時，私たちは大声を上げたり悲鳴を上げることがあり，また，押したり叩いたりすることすらあります。そのような行動は，自分自身をトラブルに巻き込むことになるかもしれません。

本プログラムの，次の3つのセッションの目的は，我々がこれまで，目標を持って使ってきたスキルをいくつか練習することです。そうすることにより，これらのスキルを使うことは，ほとんど無意識のものとなります。そして，もしあなたが，怒ったり慌てたりするような状況に陥ったら，コントロールを失う前に葛藤をコントロールするために，これらのスキルが役立ちます。あなたが話していた，普段よくみられるような，いらだたしい出来事に見舞われるのは，過去のものとなります［ここには，子どものよくある怒りのぼっ発という出来事も含まれます］。

2.1　モデリングとロールプレイは，セッション7〜9の重要な技法である。短いロールプレイも，先回のセッションでは使われているが，より長いロールプレイは，ソーシャル・スキルの技法をリハーサルするのに役立つ。これを行うことで，子どもは以下のようなロールプレイを思い出すことができる。

ロールプレイは，行動を起こすことに似ています。それは，映画や演劇の中にいるようです。私たちは，様々な葛藤状況をロールプレイして，問題解決に役立つスキルを練習することができます。

単純なロールプレイは，よく起こりがちな生徒－教師の状況の典型例を用いて，モデルとすることができる（「ロールプレイの練習」のワークシートを参照のこと）。セラピストは，仮の生徒となり，教師の叱責に対し，3通りの反応を再現する。その子どもは，以下の状況では教師役となる。

あなたはスミス先生です。スミス先生は中学校の先生です。あなたの生徒，つまり私が授業に集中していません。

子ども（教師を演じている）：私は何回，集中するようあなたに注意しましたか？

シナリオ1（無礼な対応）
セラピスト（生徒を演じている）：私は尋ねているのです。
子ども：先生はいつも僕を責める！

シナリオ2（受け身的な対応）
セラピスト（まとまらない内容をつぶやき，うつむく）

シナリオ3（適切な対応）
セラピスト：ごめんなさい，スミス先生。もう二度としません。

ロールプレイについて，その子どもが実生活で3通りの違う方法での対応ができているかどうか話し合う。それから，その子どもに対して彼が教師の叱責にどう対応するのかについてロールプレイすることを促す。

3. アサーティブで穏やかな行動について定義し，話し合う

アサーティブな行動とは，自信にあふれた，直接的なコミュニケーションのことを指し，葛藤を減らして，当然受けるべき権利を求めるものである。アサーティブな行動は，怒りの感情が勃発した時に示す適切な対応であるが，問題がエスカレートするのを減らす目的もある。アサーティブな行動を攻撃的な行動と対比させてみると，出来事とは通常は連続的なものであり，それをダイアグラムとして描くのは有用であるかもしれない——怒りの勃発→攻撃的行動→直面化——そしてそれを視覚的に用いる。セラピストは，子どもがこの連続性を描くことができたら，その状況を利用することができる。

怒りの反応は，怒りの程度に見合わないことがしばしばあります。もしも誰かがあなたをとり違えたら，あなたは彼らに悪態をつくでしょう。大事なのは，問題がどのようにして始まるか，ということなのです。誰でも挑発に対しては，それがたとえほんのわずかであっても反応し，そして2,3秒ですぐにけんかになります。今日のレッスンのキーワードは，エスカレートさせない，ということです。葛藤を感じる状況でのあなたの反応が，その状況の中で怒りのレベルの階段を下りていくようなものになると想像してみましょう。あなたの怒りが拡散して，怒りが屋根を突き抜けないうちに問題を解決することもできるのです。

怒りに対する行動上の反応として，「受け身的」「攻撃的」「アサーティブ」な行動を定義する。これらをボードに書き，それについて短時間話し合う。「行動の3通りの方法」

のワークシートは，それを書く時に用いることができるかもしれない。

> 受け身的：自分に何かが起きても何もしない。
> 積極的：何か起きたら，けんかをしたり，どなり返したりする。
> アサーティブ：問題について語り尽くし，解決法を見つける。

　もし「アサーティブ」という言葉が，幼い子どもにとって未知なものであれば，アサーティブであることと攻撃的であることの区別をすることから始める。アサーティブな行動をとることは，けんかや言い争いに訴えることなしに，問題を解決する方法を見つけるのに役立つ。もし子どもが，話を極端なものに戻す傾向があれば，「話すこと」と「言い争うこと」の区別をつけるようにしなければならない。子どもに，自分がアサーティブな方法で行動した時の例を考えてもらう。

3.1 以下の話は，**受け身的行動，攻撃的行動，アサーティブな行動の区別を説明する**のに用いることができまる。

　アンソニーは5年生で，普段は学校で彼を悩ませる人はいません。アンソニーは理科の授業が好きで，また，休み時間も他の子どもたちと遊んで楽しく過ごしています。しかし，アンソニーのクラスには，アンソニーをいじめ始めると，彼を「かわいこちゃん」と呼ぶ子どもがいます。ミッチェルという名前のその子どもが，授業の後や休憩時間にアンソニーにばったり会うと，彼を蹴って，決まって「ハイ，かわいこちゃん。君はまるで小さな男の子のようだね」と言います。アンソニーはこれにうんざりし，ある日，ミッチェルを押し倒して顔面を蹴ってしまいました。ミッチェルは泣き始め，途中で通りかかった教師がアンソニーを校長室に連れて行きました。

　子どもに，アンソニーの行動は，受け身的か，攻撃的か，アサーティブかについて尋ね，そしてアンソニーは何か他に代わりの方法をとることができたか尋ねてみる。攻撃的だという反応（例えば，「彼は押しのけるだけにすることもできた」「彼は顔面を蹴る必要はなかった」もしくは「彼は誰も見ていない場所で彼を待ち，それから叩きのめすべきだった」など）と，また，アサーティブだという反応（例えば，「彼は自分を困らせるのをやめてくれないかと相手に話すことができたかもしれない」もしくは「彼は相手と友達になることもできたかもしれない」など）があった。ここで，アサーティブな行動をロールプレイする。その場合には，セラピストがミッチェル役で，子どもがアンソニー役になる。

4. 仲間の怒りがわきおこった時のために対処の型を作る

子どもに，仲間との葛藤状況についていくつか思い出してもらい，もし可能ならば，これらの状況を複数のカテゴリーに分けてもらう。カテゴリーとして挙がってきそうなものとして，からかわれることや，見下されること，所有物が破壊されることなどがある。

あなたが，学校で他の子どもたちといる時に出会うかもしれない問題についていくつか振り返ってみましょう。彼らは，どんなことをしてあなたを怒らせるのでしょう？ 2, 3 の典型的な状況を書き出してみましょう。そして，私たちは，これらの状況において，何ができるのか，ロールプレイをしてみることもできます。

例えば，この治療に参加した 1 人の少女の場合ですが（彼女を仮にサーシャと呼びます），彼女は以下のような状況を報告しました。サーシャは授業に集中しようとしていたのですが，教室の後ろの方で，2 人の少女が一緒に喋っていました。彼女らの囁き声のために，サーシャは教師の話の重要な点を聞き逃してしまったので，彼女は振り返って，「静かに」と言いました。喋っていた少女たちのうちの 1 人が，「あなたをひっぱたきたくなる気持ちにさせないで」と言いました。サーシャは，その瞬間，拳で机をガンと叩き，その少女に対し，長い時間，怒りの視線を向けました。この時点では，教師は騒ぎに気付き，混乱を引き起こしたことでサーシャを叱りつけました。

この状況についての私たちの話し合いで，サーシャは，もし再度このような問題が起きた場合に，それに対する 3 つの戦略を思いつきました。まず第 1 には，私たちは，脅迫的な言葉に対して，「落ち着いてください」と言うロールプレイをしました——これは，仲間が怒った際の対処の型の例です。第 2 に，誰かが授業中私語をしていたら，そのことを教師に伝えることがそのような状況に対処するより良い戦略であるということに私たちは皆賛成しました。最後に，予防的な戦略が出されました。サーシャは，教室の前の方に席を取り，自分の気を散らす可能性のあることから離れることを，教師から許可をもらって実行することもできるかもしれません。

4.1 からかいや悪口を言われた時など，他の子どもたちならばどう応えるのかリストを作るよう子どもに促す。他の子どもたちは怒った時，言葉による挑発を無視できるのか，できないのかについて尋ねてみる。

> 無視されることに耐えられる：注目する価値がない（例えば誰かが冗談を言っている時など）。
> アサーティブに返すことができる：その人は何か不適切なことを話しているので，やめるよう言わねばならない。

セラピストは，どのような挑発ならば無視することができて，どの技法（リラクゼーション，セルフトークなど）を使えば，翌週，これらの挑発を無視するのがより簡単に

なるのかについて結論までたどりつくのを支援しなければならない。挑発に対して，アサーティブに対応をしてもそれを無視されない状況を以下に示した。もし子どもが報告したことが，明らかに，からかいや脅迫であったならば，その子どもやその子どもの親は，学校に呼ばれて仲間のこのような挑発は，いじめであり，学校の管理者が取り組むべきこととして話し合うこともあるかもしれない。いじめの防止についての議論の詳細は，本書の域を超えているが，セラピストと家族にとっての優れた手引きがある（Swearer, Espelage, & Napolitano, 2009）。

4.2　　**［任意の取り組み］辛辣な言葉に対する暴露技法は，子どもに，言葉による挑発に対する敏感性を下げるために行う**。この技法には，子どもが怒りのマネジメントを用いている時に，子どもに対し不快な言葉を投げかけることも含まれる。この技法は成人男性で用いられてきた（Grondnitzy & Tafrate, 2000; Tafrate & Kassinove, 1998）が，私たちの経験では子どもにも用いることができることがわかっている。ただしそれは，セラピストが，そこで引き起こされた怒りの感情が，そのセッションが終了する時には，なくなっていると自信がある時に限る。同時にそれは，子どもが怒りを散らすことができ，攻撃性を持ったままそのセッションを終えることがないと確信をもって言える時でもある。辛辣な言葉を選んで怒りを取り去る技法を実践するのには，高度な臨床判断と経験が必要とされる。そして，良好な治療同盟が構築されていることも，辛い暴露技法を行うためのもう１つの条件である。セラピストは子どもに向けて，その根拠について以下のように説明することができる。

　人があなたをからかったり，悪口を言ったりした時，あなたが動揺することがないよう助ける方法があります。まず，人々が過去にあなたに対して行った，些細なことを２，３書き出してみましょう。私たちはその状況のロールプレイをしてみることができます；私は，意地の悪いことを大声で言い，あなたはそれを無視します。この技法は，他人のあなたへの悪口や，ここで言うような意地の悪い言葉に，あなた自身を安全な場所で暴露させて，実際にからかわれた時に，より敏感にならないようにするのです。それはインフルエンザの注射のように考えます。インフルエンザの注射は，あなたにインフルエンザに対する免疫を作りますが，それと同じことなのです。私たちの目標は，人々が話す意地の悪いことに対して免疫を作ることなのです。

　実生活場面におけるこの手続きは，２通りの方法で実行に移すことができる。まず第一には，例えば，セラピストが辛辣な言葉を発した時に，「これは無視しよう」「僕は気にしない」などの言葉を，子どもがリマインダーとして使えるようにすることである。二番目のアプローチは，トランプで家を建てたり，ドミノでタワーを作ったり，ジェンガ・ブロックなどのような，注意を要する遊びをすることを子どもに求めることである。

二番目のアプローチの長所は、罵りを受けている脇で何かに集中することで、これらの悩ましいからかいを無視できるようになることである。

5. アサーティブなスキルを練習する

問題について交渉をしたり、とことん話し合うことは、最良の問題解決の戦略であるかもしれない。もしそれがうまくいかなければ、エスカレートしないためのアサーションや、相手の誘発行動を止めることを強く要求することが役立つかもしれない。しかしそれには、慎重でなくてはならない場合もある。

残念なことに、他の人を無視しても、時に同じ人が何度も繰り返し不快なことを言うのを止めることができないことがあります。そのような場合、私たちは、その人にやめるよう、断固として要求します。しかしこのような場合、私たちはさらなるトラブルに巻き込まれたり、他のけんかが始まる可能性がないことを確認しなければなりません。例えば、もし自分のクラスの誰かが、あなたをいじめるために、あなたの悪口を言い始めたら、あなたは、どのように話すべきなのかわかるでしょうか？

この質問に対して、代わりの解決法をいくつか試してみる。そして、それをモデルにして、アサーティブな反応のロールプレイを試みる。それは、以下のようになるであろう。

あなたは、「僕を悩ませるのはやめて。僕は、こんなふうに悪口を言われるのは好きではないんだ」と言うことができます。もし相手がやめなければ、あなたは「もし君がやめなければ、僕は君とこれから口をきかない」と言うことができます。それでももし相手がやめないか、もしくはけんかを売ろうとしてきたなら、あなたは「僕は君のためにトラブルに巻き込まれるつもりはない。もし君がやめないならば、僕は先生に言うよ」。

子どもが、自分にとって最もよいと考えるアサーティブな対応を決め、それをインデックスカードに書き留めるのを手伝う。これは、対処反応のリマインダーになり、子どもは、もし彼が翌週、仲間にからかわれたら、それを使うことができるであろう。

5.1 変化を直接的に求める時、「私は」を用いて話をすることの重要性について話し合う。

このコミュニケーションの作戦は、非難的なトーンを下げることである。

人に要求をすることは難しいというわけではありません。とはいうものの、感じのよいやり方でお願いすることは重要であることは心に留めておきましょう。例えば、この少年に悪態をついて返す代わりに、あなたは「君がそうすると僕は悩むんだ。僕は、それはやめてほしいと思っている」と言わねばなりません。

仮の状況を想像してみましょう。あなたには年上の友達がいて，彼は背も君より高いのですが，彼はあなたを「チビ」と呼び，あなたは本名で呼んでほしいと思っているとします。

友人：ヘイ，ちび，君は授業を早く抜け出した？
君　：聞いてよ，君は僕を，本名で呼ぶことはできないの？
友人：ちびでなにが悪いんだ？
友人：う〜ん，僕にはそのことが君を悩ませていたなんて知らなかった。僕はたくさんの人を，ちびって呼んでいるんだよ。
君　：僕は自分の背が低いことを知っているよ。でも，それはぼくにとってそんなに重要なことではないんだ。それで僕は，君が僕を本名で呼んでくれることを願っているんだ。
友人：それは素晴らしい！
君　：ありがとう。

5.2 　**現実の生活をシナリオにしてロールプレイをする。**セラピストは，子どもが現実の生活で体験するようなからかいの言葉への対処についてロールプレイをする。そこでは，「怒りのマネジメントシート」から作成した台本を用いることができる。最初に，その状況を記載し，ロールプレイで再現できるアサーティブなコミュニケーションの台本を書き下ろすことは役立つ。子どもには，からかいに立ち向かう自分自身を演じることを促してみる。よくある言葉によるからかいとして，服装や，外見や，能力（運動，学業など）についてのネガティブな批評などがある。基本的にはこの取り組みの中では，性的，人種的，宗教的に中傷的な意味を持ったみだらな言葉は避けてもらう。しかし，それが，彼の環境を侮辱する意図があると思われるのであれば，子どもの言葉にその例を見出そうとするのは重要なことである。

6. 社会的な相互作用の非言語的な面について話し合う

　他人を怒らせる可能性があるのは，我々がそれをどのように言ったか，ということだけでは決まるわけでなない。これは私たちだけが言うのではないが，セラピストは彼らの行動を，中立的な非言語的行動か積極的な非言語的行動か，また，脅迫的な非言語的行動か，からかいの意味の非言語的行動か，の違いを，姿勢，ジェスチャー，表情，声の調子などを真似て，脚色して話さなければならない。例えば，指さし，頭を振ること，しかめ面は，言葉による直面化の際の，非言語的サインとしてよくみられるものである。目を白黒させるたりため息をつくのは，承認していないということのサインであり，挑発として伝わる。

　子どもに，「良い一日を」のような中立的な句を，大声で，凝視して，眉をひそめて言っ

てみてもらう。それから子どもに,「僕をそう呼ばないで」や「僕は君にそれをやめることをお願いするよ」というような,アサーティブな言葉を,穏やかな口調で,中立的な表情で練習してみてもらう。それから話し合って,非言語的な行動の他の要素のロールプレイを試みる。例えば,パーソナルスペースについては,次のような方法で話し合う。

以下のことは,アサーティブな非言語的行動についての有用な鍵となる重要ポイントである。

静かな声で話す（すなわち,大声を出さない）
腕の長さ分のパーソナルスペースをとる（すなわち,相手のそばに近づきすぎない）
脅迫的なジェスチャーをしない
アイコンタクトを保つ

6.1　私たちは,相手の表情からその人の感情を推測し,その後に相手の感情を返しているのかもしれない。 誰かが私たちに微笑むと,私たちは微笑み返すものである。同様に,誰かがしかめ面をしていると,彼が怒っているか,敵意をもっていると考え,私たちはそれ相応に反応する。子どもたちが「怒り」としてラベル付けする理由の1つは,彼らには怒って見えるからである。したがって,子どもが相手の表情に注意を払い,自分の怒りの表情を調節することを学ぶのは,ソーシャル・スキルの習得に役立つであろう。言葉によるからかいに対し,中立的な表情を保ちながら,アサーティブな反応を返すことを練習する。もしもオフィスに鏡がなければ,手鏡を使う。そうすれば,子どもは自分の表情を見ることができる。

7. セッションをまとめ,ホームワークを出す

子どもに重要なポイントを振り返ってもらい,セッションの教材が,今の彼の怒りの引き金にいかに関連しているのか話し合う。また,セッションの間,子どもたちが自分で作った,役に立ったコメントを振り返る。以下に,短いまとめを示す。

今日私たちは,問題やトラブルを引き起こす可能性があることを解決する方法について話し合いました。私たちはこれを,アサーティブなコミュニケーションと呼んでおり,これは,私たちが,はっきりとしていながら威圧的ではない方法で話し合うのを支援してくれます。もしあなたの仲間があなたを怒らせるような行動をとったなら,まずは動きを止めます。これは自分のためです。次にアサーティブな方法で,その人があなたを悩ませるのをやめてくれるような言葉を言いましょう。それには,静かな声で話し,穏やかな印象を持たせることが重要です。もしその人があなたに干渉しないことを拒んだなら,先生（もしくは他の大人に）に,今起きていることを知らせると静かに言いましょう。

7.1 次週にむけて,「怒りのマネジメント日記（7aおよび7b）」のホームワークを出す。目標は2つのスキルを練習することであると説明する。それは，からかいを無視することと，アサーティブなコミュニケーションを用いることである。理想的にはこのセッションは，現在もなお続いている仲間との問題状況における適切な行動を策定し，リハーサルを行って終わらねばならない。子どもに対し，「怒りのマネジメント日記」を用いて，今も続いている葛藤状況での，これらの適切な行動をとることを練習した結果を記録することを促す。

8. 親が入室し，ともに確認をする

各セッションの終りには，親はそのセッションの教材を振り返るために，前週からの進歩や，翌週に向けた怒りのマネジメントについて知るために，短時間入室して参加することを求められる。子どもが，怒りや指示に従わない可能性のある状況で，適切な行動をとった時の例について，親に尋ねてみる（例えば，けんかから立ち去る，一度頼まれただけでゴミを捨てるなど）。子どもに対しては，セッションで学んだことを親に話すよう促す。もし必要であれば，セラピストはセッションの教材から，子どもに最も響いていたように思われる2，3のポイントを箇条書きにして示す。

セッション 8

アサーション・トレーニング

★ 目 標

1. ホームワークを提出してもらい，前回のセッションの教材を振り返る
2. 公平さと権利について話し合う
3. 権利が侵害された時のソーシャル・スキルのロールプレイ
4. 積極的傾聴のスキルを練習する
5. 非難を受けた時のコーピングの型を作る
6. セッションをまとめ，ホームワークを出す
7. 親が入室し，ともに確認をする

ワークシート

権利章典
積極的に話を聴くための3ステップ

ホームワーク

怒りのマネジメント日記 8a（アサーションスキル）
怒りのマネジメント日記 8b（非難への対処）
毎日の怒りのマネジメント日記（任意，セッション1と同様）

セッション8　アサーション・トレーニング

1.　ホームワークを提出してもらい，前回のセッションの教材を振り返る

　　前回私たちは，他の人々が，私たちの悪口を言ったり，からかったり，異なる方法で私たちを悩ませたりする時の状況について話しました。また，これらの人々を無視できて，自分がトラブルに巻き込まれることなく，自分を悩ませる行動をやめてもらうよう丁寧に彼らに求めることが大切であることを学びました。

1.1　「怒りのマネジメント日記7aと7b」を振り返る。前回のセッションで覚えた技法を用いた，子どもの体験について尋ねてみる：些細なからかい，言葉での要求，「私は」を使った文章，そして非言語的行動への注目など。

1.2　もし子どもが，ホームワークに記された状況で，アサーティブな対処戦略を使うことができていなかったなら，簡単に話し合ってアサーティブな対処方法をお手本とする。アサーティブな問題解決戦略が示されたら，次に，状況を言語的／非言語的に再現して，ロールプレイをする。

2.　公平さと権利について話し合う

> **セラピストへの注意：** アサーション・トレーニングは，人々は権利を守らねばならない，また不公平に寛容にならないという立場に基づいている。精神療法・心理療法において，アサーション・トレーニングは，どんな目的であっても，通用するものとして広く用いられてきた。例えば謙虚すぎる人は，実際に自分の怒りに触れ，彼らがしてきた間違いを正すことを教えられる。怒りが強すぎる人は，人が他人にののしられない権利を侵害することなく，自分の怒りを表すことを教えられる。現在のアサーション・トレーニングの動きは，2つの基本から離れているが，この立場は怒りと攻撃性に対する認知行動療法に大きく関係するかもしれない。
>
> 1. 人は他人の気持ちを傷つけないで，自分の気持ちを表さなければならない。
> 2. 人は他人の権利を侵害しないで，自分の権利を守らねばならない。

　　自分自身の権威を保つには，様々な社会スキルが必要である。これらのスキルを有効に活用することは，私たちが自分の権利に気付き，公正な感覚を持つことであることを暗に示している。権利とは，自由や様々な権利を含む。権利と公平さの問題は，怒りの表出にも関係する。なぜならば，人は自分の権利が侵害されたり，公平に扱われない時

に怒りが生ずるものだからである。

　不公平な扱いを受けることは，子どもの生活の中ではよく起こることである。治療の中の，問題解決モジュールでは，子どもに対し，出来事を真に不公平なものと，認知的バイアスからそのように感じられるものを区別して，整理することを教えることに焦点が当てられる。このセッションの目標は，子どもの権利が明らかに侵害されている時，適切でアサーティブな対処の型を作ることである。そうすれば，彼の怒りは，状況への感情的反応としては正しいものとして認識され，子どもは，不公平を正すために，（「放っておけない」（Don't let it slide）という）怒りの気持ちに従って行動することになる。このような行動は，法律にしたがっており，また，社会的にも適切であり，それは罪を犯した人であっても同様である。

　ソーシャル・スキル・トレーニングと問題解決スキルをつなげることは重要であり，怒りはしばしば，不公平であることと責められることについての帰属の誤りから生まれることに気づくよう促す。まず最初に客観的な不公平を正すために社会的スキルを用いて，次に状況の問題解決的な分析を行う。

　誰でも公平に尊厳を持って扱われる権利があります。人はしばしば，自分が不公平に扱われていると感じた時に怒るものです。もし自分がそれをしていないのに罰せられることがあれば，それは不公平なことです。私たちはここまで，何かが公平かそうでないかを理解するために，他人の目的や意図を考慮することについて話をしてきました。私たちは，実際に何が起きているのかを知るために問題解決スキルを用いることを学びました。それは，自分の視点からばかりでなく，他人の視点からも眺めるということです。しかし，それが本当に不公平である場合には，あなたは間違いを正すように行動しなくてはなりません。自分が不公平に扱われている状況を考えることができますか？

　権利が奪われた時に怒ることは認められていることなのです。あなたはまた，自分の権利が奪われた時，自分のために立ち上がってよいのかを知りたいと思っているでしょう。ただし，それは他人を傷つけることなくやらなくてはなりません。

　子どもに，「権利章典」のワークシートに書き込むように促す。FeindlerとEcton（1986）は，攻撃的な若者とアサーティブに話し合う際に役立つ5つの権利のリストを提案した。それは，話を聞いてもらう権利，ものごとを自分の側から説明する権利，財産を所有する権利，侮辱されない権利，そして傷つけられない権利である。

　以下の挿話では，誰がどうやって5つの権利を破っているのか子どもにたずねてみる。

　ジョンは昼食の時，ホウイに食べものを投げてしまったために校長室に呼ばれました。校長先生は説明を聞かずに，ジョンに居残りを命じました。しかし，ジョンに牛乳パックを投げて，騒動を起こしたのはホウイの方です。

正しい反応：

- **話を聞いてもらう権利**：校長先生が話を聞くことを拒否した時，ジョンの権利は守られなかった。
- **ものごとを自分の側から説明する権利**：何が起きたのかを，ジョンが彼の側からの話をすることを校長先生が拒んだ時，再びジョンの権利は守られなかった。
- **財産を所有する権利**：この状況には適用されない。
- **侮辱されない権利**：ホゥイが牛乳パックを彼に投げた時，ジョンの権利は奪われた。しかし，ホゥイの権利もまた奪われた。なぜならば，ジョンは食べものをホゥイに投げ返したのだから。
- **傷つけられない権利**：この状況は，食べ物を投げ合う遊びとして始まったかもしれないのに，それが，コントロールを失って，本当のけんかになり，ジョンとホゥイがどちらも傷つくことになった可能性がある。

3. 権利が侵害された時のソーシャル・スキルのロールプレイ

残念なことに，私たちが前回話し合った「からかい」は，我々に起こるかもしれない唯一の悪いこと，というわけではありません。たとえ友達といえども，時には，あなたのものを借りて，それを壊したり，返さなかったりすることがあります。また，学校の先生は，あなたに，不公平な低い点数をつけるかもしれません。親も，以前はよいと言っていたはずなのに，好きなテレビを見せることを許さない，などということが時には起こるかもしれません。あなたは，似たような状況を思い出したり，自分に起きた不公平なことを他にも説明することができますか？

不公平に扱われたことを子どもに思い出してもらい，自分を擁護するロールプレイをする。そして，その中ではソーシャル・スキルを用いてみる。上に挙げた挿話や子どもが実際に出合った例で，子どもから3つの反応タイプを引き出す。その状況に対処する3通りの方法の違いを話し合い，アサーティブなシナリオをロールプレイで演じてみる。

> 受け身的：誰かがあなたの権利を剥奪するが，何もしない。
> 攻撃的：他人の権利には配慮せず，自分の権利だけを要求する。
> アサーティブ：自分の権利を守るが，他人の権利も同様に尊重する。

毅然として感情的にならず，穏やかな声で，短く直接的な言葉で要求する。この戦略は，単に無視されただけではない可能性がある，挑発的な状況でも用いることができることを強調する。

誰かがあなたの本をとったとします。あなたにできることの1つは，本が戻ってくるまで「僕の本を返してください」と言い続けることです。必要なものを手に入れる（問題状況に対する行動的反応）まで，同じことを，穏やかな，単調な声で要求することを繰り返す，ということを確認しましょう。

この技法は，最初はセラピストがモデルになる。それから，セラピストは，子どもの持ちものを1つとりあげる（例えばiPodなどのような）。そして子どもに，それを返してもらうよう要求することを練習してもらう。ここではモデリングとフィードバックの技法が用いられるが，それは，このやりとりの一部における言語的・非言語的要素を，ただしそれが役に立つか立たないかという視点から説明する。

4. 積極的傾聴のスキルを練習する

セラピストへの注意：一連の社会的相互作用の中で，明確化されることが少ないが，重要な要素が「話を聞くこと」である。様々な治療の1つとして行われているソーシャル・スキルは，大きく2つのカテゴリーに分けることができる。それは巨視的スキルと微視的スキルである。巨視的スキルとは，特定の社会的状況に対して用いる一般的な行動戦略であり，それは，映画を観たいと思った時に，映画館に行きたいとお願いするか，フライドポテトを食べたいと要求するかといったようなものである。微視的スキルとは複雑な社会的反応の連鎖の中で，ブロックを積み上げるようなことである。微視的スキルの例としては，表情（例えば微笑みなど），運動行動（前かがみになることなど），声の質（例えばモグモグ言うなど）などがある。これらの微視的スキルは，積極的に話を聞く中で取り入れられ，社会的行動のニュアンスを形成する。これらは，他者から観察した時，動機と情緒に多大なるメッセージを持つかもしれない。もしアイコンタクトも同時にあれば——それは，注意を向けているということを表すものであるが——傾聴は葛藤を防ぐための大きなソーシャル・スキルになる。

子どもに対して積極的に話を聞くことをテーマとして示す。

葛藤や問題というものは，人々が互いに相手の言うことを聞かない時に，しばしば起こるものです。私たちは時々，他人がたった今言ったことですら，聞くことができないことがあります。なぜならば，私たちはそのような時，反論の道筋ばかり考えているからです。もしもあなたに聴く時間があるならば，おそらくすべての葛藤は，同時に防ぐ

ことができるのでしょう。人に対して怒りの感情がわいたら，その人の話を聴くことは難しくなります。なぜならば，怒りは我々の注意のレベルを引き下げるからです。

　　子どもにとって，このような見方が意味を持つのかどうかを尋ね，もし必要であれば，この例が明確になるように，以下のように促してみる。

　例えば，もし学校の先生が，あなたがやっていないことについて，あなたを責めたら，あなたの最初の自然な反応として，自分を守ることを何か言うでしょう。それは例えば，「僕はそれをしていない」などです。しかしながら，そのような反応は状況をますます悪くするのです。なぜならば，彼らはこれを「食い違い」と見るからなのです。実をいうと，このような時，あなたと先生には食い違いがあるのです。あなたが，「どういうことですか？」と言うところを想像してみましょう。このように言えば，おそらく何が起きているのかをきちんと話す時間をあなたに与えることになります。先生は，何が起きたのかを説明する機会を持つでしょう。そうしていきながら，問題は明確化されていくかもしれません。

　子どもに，葛藤的な状況で，他人の話に耳を傾けることが，役立つかもしれない理由についていくつか考えてみることを促す。
　積極的な話の聞き方には，3つのステップがある。それは，視覚的支援として作成した，「積極的に話を聴くための3ステップ」のワークシートを用いて話し合うことができる。その3ステップとは：

　何が話されているか注意深く聴く。
　相手に，聴いたことを返す。
　その状況における問題は何なのかを明確にする。

4.1　**積極的傾聴の第一歩は，他の人が話している時，その人に注意を向けることである。**
二番目のステップは，その人の話のポイントを明確化することである。これは，質問をすることや，その人が言うことを繰り返すことにより可能になる。セラピストは，相手を悩ませるために，その子どもの言うことを繰り返す子どもがいるということを認識しなければならない。加えて，もし子どもが，間違った状況でこのアプローチを使用したら，「なまいきだ」「威張っている」と責められるかもしれないことも，やはり認識しておかねばならない。とはいえ，特に慎重にならなければならない状況はそんなに多いものでもない。例えば，トゥレット症候群の子どもは，エコラリアと呼ばれる症状を持つかもしれないが，それは聞いたことを強迫的に繰り返すことで起こる。このような事例では，積極的に話を聞く訓練を修正したり，はずしてもよいかもしれない。しかし，大

部分の子どもにとって，このような，破壊的行動の扱いに対するソーシャル・スキルのレパートリーを持つことは役立つスキルとなる。

　私たちは，話し合う時に，十分注意を向けていないことがあるかもしれません。相手の話を聞いていなかった時，その人が言ったことを繰り返すように言われたら，私たちは何と言ってよいのかわからないでしょう。そのような時には，他の人が主要な点を整理することも役立つかもしれません。殊に，親や教師たちとのコミュニケーションにおいては，静かで，真摯で，そのことに興味を示す態度は，あなたがその人の言うことを気にかけていて，相手を高く評価していて，認めているというコミュニケーションとなるのです。教師や親は，子どもが怒りをあらわにしている時に，微笑んだり，怒って見えるような態度をとることは，避けなくてはなりません。そのような行動は，あなたが，その問題を深刻に捉えていないと感じさせ，彼らをより混乱させるかもしれないからです。

　以下のリストを用いて，子どもと積極的な話の聞き方を練習する。以下の句を子どもに読みあげ，子どもに繰り返すことを促してみるという方法もある。

発言例	返答例
1. 僕は数学のテストでAをとったんだ。	1. 君は数学のテストでAをとったんだね。
2. ちょっとの間だけ，消しゴムを貸してもらえる？	2. 君は僕の消しゴムを借りたいの？
3. 僕の鉛筆を返して。じゃないと，先生に言うよ。	3. 君はこの鉛筆を返してほしいの？
4. 3人の男の子が裏庭でキャッチボールをしていたよ。	4. 男の子が何人かで，裏庭でキャッチボールをしていたんだね？

4.2　積極的傾聴の最終ステップ——ポイントを明確化すること——は，あなたがその問題をどのように理解しているのかを話すことを意味する。

　他の人がその問題についてあなたに話した後，もしあなたが，その人が口にしたことをそのまま言って返すことができなかったら，もっと多くの情報が必要なのかもしれません。何が起きているのかを明確にできれば，あなたは，2人が共有していることを確認することができます。いったん問題が明確になれば，あなたは，このプログラムで学んできた問題解決スキルをすべて用いることができます。

　セラピストと子どもで役割を入れ替えて，ロールプレイをする。それは仮説に基づくもので，積極的に話を聴く例を次に示す。

セッション8　アサーション・トレーニング

セラピスト：あなたも知っていると思うけれど，私は，私がここで何を言っているかについて，あなたにもっと注意を払ってほしいのです。

子ども：あなたは，あなたが何を言っているのかについてもっと注意を払ってほしいのですか？

セラピスト：そう。それと，私たちが話している間は，ビデオゲームをするのをやめてもらえませんか？

子ども：あなたは，僕がゲームをやめて，あなたが言っていることを聴くべきだと言っているのですか？

セラピスト：ええ，その通り！

5. 非難を受けた時のコーピングの型を作る

　怒りの原因としてもっともよくあるものの1つに，責められる，自分の責任にされる，批判される等があり，それは特に，理由が間違っているにも関わらず責められた時に起こるものである。それは責められても仕方がない時ですら，言い争いが続くこともある。セラピストは，これら2つの状況のタイプを区別しなければならない。それは，それ相応な理由で責められている状況と，誤った理由により責められている状況である。

　人はしばしば，様々なことで，相手が本当はそれをしていないにも関わらず，相手を責めることがあります。それは，誤りであったり，理解が間違っていたり，また，不運な事情によるものかもしれないのに。例えば，あなたは本当はそんなことはしていないのに，テストでカンニングをしたと受け止められるかもしれません。また，本当は，自分を守ろうとしただけなのに，けんかを始めたと責められることもあるかもしれません。親が，部屋を散らかしたのは，あなたの兄弟や姉妹だったかもしれないのに，あなたが部屋を散らかしたと責めるかもしれません。いずれの場合も責められた時には，私たちは怒りを爆発させずに，自分のことを相手に説明しなければならないのです。

　誤った理由により責められる例を挙げるように子どもに促してみる。

　もし誰かがあなたを，あなたがしていないことで責めるようなことがあったなら，あなたは，怒りで返すのではなく，それについて静かに説明することができなければなりません。何か悪いことが起きたら，誰であっても慌てるものだということを心に留めておきましょう。考えないで行動することについて，私たちが以前話し合ったことを覚えていますか？　ここで少し時間をとって，「立ち止まって考える」技法を思い出してみましょう。この人は，あなたに対して不適切な行動をとるかもしれませんが，ものごとを解決する何らかの助けを出すこともできます。例えば，あなたが友達のペンを机の下から取り出して，それを彼に返したのに，お礼を言うどころか，その友人が「君は僕のお

気に入りのペンをこわした！」と言ったと想像してみましょう。

この状況について以下に挙げる積極的に話を聞くスキルを用いて話し合う。(1) 注意深く聞く，(2) 聞いたことを繰り返す，(3) 状況を明確にする。例えば以下のように：

友人：君は僕のお気に入りのペンを壊した！［責める］
あなた：君のペンは壊れているの？［問題を明確にする］
友人：そう，これは壊れているよ。これを見て！［責任を問うことなく，問題を述べる］
あなた：多分これは直せると思うけど？［直面化しない］
友人：いや，直せないよ。僕はこのペンが大好きだったんだ。［2, 3秒の時間をかけて静まる］
あなた：ねえ，僕はただ床から拾い上げただけなんだ。僕はそれを壊してはいないよ。［説明をする］
友人：わかったよ。僕は別のを手に入れるよ。［自分の気持ちをコントロールする］
あなた：うん，君のペン，残念だったね。［うまく行動する］

5.1　不当に責められている状況での，積極的傾聴のスキルのロールプレイをする。下に示したリストからでも，セッションで報告された実生活での出来事からでも，どちらでもよい。積極的に話を聞くための3ステップに向けて，修正したフィードバックと強化を行う。

あなたは友達とチェッカーで遊んでいます。そこで，相手があなたに対して「君がいんちきをした」と責め始めます。
先生が，あなたが授業中話をしていたと責めます。
他の誰かがあなたの友達の教科書をとったのですが，彼はあなたがそれをとったと考えています。

5.2　真摯な謝罪方法を練習する。もちろん，もし「不正の現場を押さえられた（our hand in the cookie jar）」状況であれば，被害者の怒りを減らす方法は，被害を修復して謝ることである。礼儀正しく謝ることができるということはまた，この治療を受ける子どもたちに関係のあるソーシャル・スキルであろう。挨拶をすることと同様，礼儀正しく謝ることは，誰にとっても自然にできるようになるものではない。セラピストは，「君が何か間違ったことをした時は謝るのが良い考えだ」とする理由について，短い話し合いをもつこともできる。子どもに対し，謝ることがなぜ良い考えなのかその理由について問い，ボードにこの理由について書く——例えば，「謝ることは問題を終わらせる」「そうすることは正しいこと」「そうすることは君を良い人にする」などである。

現実の生活か，仮定のシナリオを用いて，謝ることについてのロールプレイをする。アイコンタクトや声の調子のような，適切な非言語的行動も含めてモデルを提示する。初めに，セラピストは以下の台本を使って劇にすることもできる。

子ども：ぼくの本を返してよ。僕はそれが必要なんだ！
セラピスト：君は，この本が必要なの？［適切なアイコンタクトと身振り手振りを示す］
子ども：あなたは僕の本をとった。返してくれる？［声を大きくする］
セラピスト：ああ，僕はそれが君のだとは思わなかったよ。［まだ本をつかんで離さない］
子ども：わかった。僕たちはそれを一緒に使おう。
セラピスト：ごめんなさい。さあ，どうぞ。

子どもが家や学校で出合う，よくある状況に向け，謝る練習をする。フィードバックを与えて，アサーティブな，言語的・非言語的な返し方を強化する。

6. セッションをまとめ，ホームワークを出す

子どもに，セッションの重要なポイントを思い出してもらい，この教材が，彼の現在の怒りの状況といかに関連するかについて話し合う。簡単なまとめを以下に示す。

今日私たちは，無視できる状況と，行動を起こすことが求められる状況の違いについて話をしました。私たちは，これらの状況を不正や不公平と言いました。また，アサーティブな行動についても話をしました。私たちは積極的に話を聴くこと，また，何か要求をする時には，怒りの感情を示すことなくアサーティブな態度でいることも練習しました。最後に，誰かが何かのことであなたを責めた時にとる，別の行動についても話し合いました。ここで重要なスキルは，状況がエスカレートしないように，その人の話を聴くことです。もし誤解があったり，君は何も悪いことをしていなかったのであれば，静かな調子で状況を明らかにしましょう。もしあなたが実際に何か悪いことをしたならば，問題を解決して，それから謝りましょう。

6.1 子どもに，「積極的に話を聴くための3ステップ」を持ち歩いて，家や学校で3ステップを使うよう促す。

6.2 「怒りのマネジメント日記8a（アサーションスキル）および8b（非難への対処）は，次回のセッションに向けて，子どもが，このセッションでのスキルのどれかを使えるようになるために記入する。

6.3 　もし子どもが，セッション8の終わりで，治療の初めに出した任意のホームワークに取り組んでいたら，やはり任意の取り組みとして，「毎日の怒りのモニタリング日記」を紹介し，強化することもできる。この毎日の日記は，子どもに次のセッションまでに起きた，怒りが生じた出来事全部を記録することと，それについての簡単な記述をしてもらうのに使われる。このホームワークはまた，最終のセッション10でも振り返りのための任意の教材として使われるが，それにむけて，セッション9の後，任意のものとして繰り返されるものである。治療開始後，最初の2週間のシートと，最後の2週間のシートを比較することもまた役立つ。

7. 親が入室し，ともに確認をする

　各セッションの終わりには，親はそのセッションの教材を振り返るために，前週の間での進歩や翌週に向けた怒りのマネジメントについて知るために短時間入室して参加することを求められる。子どもが，怒りや指示に従わなくなる可能性のある状況で，適切な行動をとることができる時の例を親に尋ねてみる（例えば，けんかから立ち去る，一度頼まれただけでゴミを捨てるなど）。子どもに対しては，セッションで学んだことを親に話すことを促す。もし必要であれば，セラピストは，セッションの教材から子どもに最も響いていたように思われる2，3のポイントを箇条書きにして示す。

セッション9

大人との葛藤を解決するためのソーシャル・スキル

★ 目 標

1. ホームワークを提出してもらい，前回のセッションの教材を振り返る
2. 大人との葛藤への対処の型を作る
3. 家で葛藤が起こる状況について話し合う
4. コミュニケーションにおける悪い癖をモニタリングする練習をする
5. 葛藤を感じる状況で自分の役割を説明する練習をする
6. セッションをまとめ，ホームワークを出す
7. 親が入室し，ともに確認をする

✎ 教 材

インデックス・カード

🗎 ワークシート

家庭での状況についての質問票
家庭での問題解決
行動契約
コミュニケーションの癖

☑ ホームワーク

家庭での問題解決
怒りのマネジメント日記9
毎日の怒りのモニタリング日記（任意，セッション1と同じ）

1. ホームワークを提出してもらい，前回のセッションの教材を振り返る

　このセッションは，親子間の葛藤を扱うため，セラピストは，セッションの初めに家庭での状況についての質問票（HSQ）に書き込むよう促す。本質問紙は，家での葛藤的な状況について把握するために使われる。親がHSQを埋めている間，セラピストはまず子どもと一緒に前回のセッションの教材を振り返り，次に親とのセッションに移る。そのセッションで話し合う葛藤状況を同定するために，親と子どもの両者は，セッションの初めの2, 3分を使うかもしれない。その後，親は外で待つことになるが，セッションの終りの入室する際に，再度参加を求められることもある。

　前回私たちは，権利が守られなかった時の，アサーティブな行動について話をしました。例えば，怒りを感じた時，アサーティブであるということは，あなたの怒りを社会的に認められた方法で表出するということになります。先週，アサーティブにあなたの権利を守ることが要求される出来事が何かありましたか？
　それから，積極的に話を聴くことについて話し合います。これには，他の人の話を聴くことも含まれています。そこでは，あなたが聴いたことを言い直したり，問題に対するあなた自身の理解をまとめてみたりします。先週，これらのスキルのどれかを，葛藤を感じる状況で使ってみることはできましたか？
　私たちはまた，誰かがあなたを何らかの理由で責めたり，非難したりする状況に遭遇したらどのように対処するのかについても話し合ってきました。そのような状況を扱う方法とは，まず，問題を起こした人を明確にして，次にそれに応じた行動をとることです。例えば，その問題があなたの過失であったとしてもそうでなくても謝って，解決を提案するということです。先週1週間で，他人から非難を受けて，このスキルを使うような状況は何かありましたか？

1.1　「怒りのマネジメント日記8aおよび8b」。もし子どもが，アサーティブな対処戦略を用いなかったなら，それを修正できるようなフィードバックを行い，より適応的な行動のモデルを示す。

1.2　もし終わっていたら，任意の課題「毎日の怒りのモニタリング日記」を振り返る。子どもに対しては，その週の目立った怒りのエピソードを思い出すことができたか尋ねてみる。そこでは，すでに忘れていた家でのエピソードを思い出して書き出すのに数分かかるかもしれない。このフォームは，プログラムの最後のセッションで，子どもにフィードバックをするのに使うこともできる。

2. 大人との葛藤への対処の型を作る

　最初に，子どもが報告した子どもにとって権威のある人（親，教師など）との葛藤に

ついて話し合う。

　私たちは皆，成長する中で権威のある人々に対処をしてきています。それらの人々は皆，私たちに対して責任がある親，教師，コーチ，上司といった人たちです。時に，これらの権威をもった人たちに対処するのは難しいことがあります。これらの人々は，しばしば私たちに敬うよう求めますが，それは，私たちが彼らに対し友人とは違うふうに対処しなければならないことを意味します。このような権威のある者にどう対処するのかを学ぶことは，もしあなたが，言い争いを避けたいと思ったり，トラブルに巻きこまれたくないと思うならば重要なことなのです。例えば，もし教師があなたに向かって「あなたはなぜ授業に出ないのですか？　休み時間は終わりましたよ」と話しかけた時，あなたが，「僕は僕がそうしたいと思った時に教室に行くよ」と言い返したとしましょう。するとあなたは，「遅れたのはわかっています。これから行きます」と単純に答えるよりも，より多くトラブルに巻き込まれることでしょう。何を，どうやって，誰に向かって言うのかにより，トラブルに巻き込まれることが時々ある，ということを知ることは重要なことなのです。

　これまで話し合ってきた，怒りのマネジメントと問題解決スキルもまた，大人との葛藤的な状況で利用できる。もし親子の葛藤が主たる問題であれば，セッションを親子一緒に行うこともできる。子どもが指示に従わないことや破壊的行動もまた，「ペアレント・マネジング・プログラム」として知られる治療の中で述べられているものであり，そこでは，子どもよりも親を対象とした介入が中心となる。本書では，親と一緒にセッションに参加する時間や，親に直接スキルを教えることについては，限定的である。なぜならば，このワークブックは子どもに焦点を当てた治療であり，優れたペアレント・マネジメント・トレーニングは，他書にて利用可能だからである（詳細はイントロダクションを参照のこと）。

　セラピストは，親子の葛藤が慢性化していたり，ADHDや強迫性障害などような併存障害から引き起こされている可能性がある時には注意が必要である。例えば，本プログラムに参加したある子どもは，毎日2時間近くに及ぶ，強迫的な手洗いの儀式も同時に続いていた。強迫の結果として，学校に遅れ，家では，バスルームが散らかしっぱなしになり，言い争うようになっていた。強迫症状の治療が，このマニュアルの領域をはるかに超えているのは明らかである。しかしながら，これらの症状により引き起こされる問題状況について，激怒せずに話をして伝えるスキルを学ぶことは，葛藤の数と強さを軽減する役に立つ。

2.1　親との葛藤への反応の例を挙げる。

あなたは，数人の友人と午後一緒に過ごしていましたが，家族が早めの夕食を計画していたので，午後4時までに家に帰ることになっていました。ところがあなたは，時間が経つのを忘れ，帰宅したのは4時45分でした。

あなたと親が，どうやってこの状況について話し合うのか，ロールプレイをしましょう。私はあなたになって，あなたは自分の親（母親が父親，もしくは誰でもあなたの好きな人）になります。

短いロールプレイを導入した後，この状況をこじらせないで済む謝り方を示す。

親：あなたは4時までに帰宅することになっていました——けれど45分も遅れた！あなたはこれから2週間，週末の特権を失うことになります。
君：遅れてごめんなさい。僕は，皆が僕は4時に帰宅すると思っていたのは知っているよ。みんなが僕のために夕食を待たなければならなくなって，本当にごめんなさい。僕は，今何時なのか，もっと注意を払うべきだったんだけど，そうしなかったんだよね。
親：その通り。あなたは私たちをがっかりさせたの！　あなたは，もっと責任感が強くなる方法を学ばなくてはなりません。
君：そうだね。次にはもっとよく思い出すようにするよ。

ロールプレイの後，セラピストは，権威のある人と接する時に活用できるかもしれないアサーション・スキルのリストをボードに書くとよい。

アイコンタクトをとり，場に合ったボディランゲージを用いる。
相手が言わずにはいられないことを，注意深く聴く。
必要とあれば謝罪する。
将来問題が起こることを避けるために，何らかの提案をする。

2.2　大人との葛藤的な状況を防いだり，解決することにつながるソーシャル・スキルを使って，ロールプレイで演じてみる。セラピストは，この取り組みの中で，モデリング，補正フィードバック，適切なソーシャル・スキルの強化などを使う。もし子どもが，実生活の状況でのロールプレイを行うことが困難であれば，以下に示すような仮定的な状況を想定することもできる。

- 状況1．あなたは友達と話していて授業に遅れてしまいました。
  教師：あなたは授業に遅れました。私はあなたに時間通りにここにいることを期

待しています。

あなたは，次のように言います。＿＿＿＿＿＿＿＿＿＿＿＿＿＿＿＿＿＿＿＿

- 状況2．授業中にあなたがノートを他の生徒にまわしているのを学校の先生が見つけました

　教師：そのような行動は私の教室では許されないのを知っていますよね！

　あなたは，次のように言います。＿＿＿＿＿＿＿＿＿＿＿＿＿＿＿＿＿＿＿＿

- 状況3．あなたは宿題を全部終わらせ，友達と遊ぶ準備ができています。しかし，あなたの親は，以前失敗した試験のことを思い出し，あなたに家で勉強させようとしています。

　あなたは，次のように言います。＿＿＿＿＿＿＿＿＿＿＿＿＿＿＿＿＿＿＿＿

　親：あなたはもっと勉強しなくてはなりません。そうすれば，あなたは試験でこれ以上失敗しません！

　あなたは，次のように言います。＿＿＿＿＿＿＿＿＿＿＿＿＿＿＿＿＿＿＿＿

- 状況4．あなたが弟や妹とけんかしたため，親はあなたに外出禁止を言い渡します。

　親：あなたの妹がまた泣いています。あなたは1カ月外出禁止です！

　あなたは，次のように言います。＿＿＿＿＿＿＿＿＿＿＿＿＿＿＿＿＿＿＿＿

時間が許す限り，セクション2.1で挙げた4つのアサーションスキルを練習する。

3. 家で葛藤が起こる状況について話し合う

セラピストは，しばしば家で指示に従わないことにつながる状況を同定するために，「家庭での状況についての質問票」を使うことができる。本セッションでは，親に対しては，これらの問題領域の1つに向けた，問題解決の戦略を立てるために参加していること，そしてホームワークとして，子どもが家でこの戦略を活用しなければならないと伝えるのもよい。取り上げることになりそうな問題領域は：

兄弟げんか。
手伝いをしないこと。
親に口答えをしたり，悪態をつくこと。

あなたのお母さんは，あなたとお母さんがしばしば言い争いになる場面が2，3あると話していました。あなたと私は，これらの問題の1つを解決する計画を作ることができます。あなたとお母さんは，このセッションの終りには，この計画に賛成してくれているでしょう。

親と娘が，彼女の着る服について言い争っていると仮定する。以下は，私たちの患者

の1人に実際に起きた言い争いである。

セラピスト：あなたのお母さんは，あなたが来ている服にいつも不満があるように見えます。お母さんは，あなたが選ぶ服をすべて嫌がり，あなたはいつも，同じ古いジーンズを履いていると話していました。

子ども：私は，お母さんがどう思うかは気にしないの。誰でもそうやって着ているものなの。

セラピスト：それは聞きました。それであなたは，お母さんがどう考えるのかは気にしないと言うのですね。

子ども：え〜と，私は，彼女が私の服についてどう考えるのかを気にしない，ということなの。他のことでは気にしているわ。

セラピスト：どのようなこと？

子ども：私は，彼女が私や私に関するすべてのことに気を配ってくれていることを知っているわ。

セラピスト：そう。あなたのお母さんが，あなたを服のことで悩ませているだけの存在のようには聞こえません。お母さんはあなたに，何か他のものを着てほしいと思っているとは思いませんか？

子ども：私は，自分が着たいものを着るの。

セラピスト：私もそうです。だけど，人はいまだに私に何を着るべきか，時々言ってくるのです。それは，そう多くはないのですけれど。それはあなたのお母さんがあなたに言うのと同じなのだと思います。

子ども：あなたは何が言いたいのですか？

セラピスト：私はハイキングに行く時，ハイキングシューズを履くし，ハロウィンパーティに行く時にはコスチュームを着ます。それから，仕事に行く時はネクタイを付けます。あなたは，場に合わせて身に着けるものを分けないと。

子ども：ええ，そうね。あなたの言いたいことは何？

セラピスト：なぜお母さんがあなたの着るものに関心があるのか知ってますか？

子ども：お母さんは，服のことで話をすると，私に向かっていつも叫んで終わるだけなの。私は，お母さんに人が最近はどんなものを着ているのかを説明するつもりはないの。

セラピスト：最近は，人々はそれぞれに大きく異なるファッションセンスを持っていますよね。

子ども：その通り。

セラピスト：これまで，私たちは，交渉と問題解決についてたくさん話し合ってきましたよね。あなたはここで覚えた知識を使って，お母さんに服についての話をすることはできますか？　それができれば，あなたのお母さんはより幸せな気分に

セッション9　大人との葛藤を解決するためのソーシャル・スキル　　■127

　　　　　　　なるかもしれません。
　　　　子ども：やってみることはできるわ。私は何をしたらいいの？
　　　　セラピスト：お母さんにこのことについて話をして，あなたとお母さんの両方が賛成
　　　　　　　する妥協案を何か見つけ出してほしいのです。例えば，日曜日に教会に行く時に
　　　　　　　は，お母さんがあなたに着てほしいと思うものを着て，それから，月曜日に学校
　　　　　　　に行く時には，あなたが着たいものを着るとか。
　　　　子ども：う〜ん，それをしたとして，私にはどんな得があるの？　あなたが言ったこ
　　　　　　　とは，正確には，お母さんが私にさせたがっていることよ。
　　　　セラピスト：あなたに何の得があるかということですか？　え〜，こうすればお母さ
　　　　　　　んはとても幸せな気分になります。これを数字で測ることはできません。でも，
　　　　　　　もしお母さんが，自分が買ってあげた服を，あなたが着ているのを見て幸せな気
　　　　　　　分になったら，彼女は，あなたをもっと頻繁にショッピングに連れて行ってくれ
　　　　　　　るでしょうね。

3.1　　セラピストは，「家庭での状況についての質問票」を使って，**親が挙げた子どもによく起きる問題となる状況のリストを振り返り，その中から子どもが頻繁に起きると認識している問題を１つ選ぶ**。セラピストは，「家庭での状況についての質問票」を利用するにあたり，家庭生活の中での親の予期せぬ意見を明らかにすることで，親子が敵対してしまわないよう注意を払わなければならない。もし，親からの実際の報告を使うことが適切であるかどうかが疑わしい時は，家でよく言い争いになる自分自身の問題について子どもに尋ねるのみにとどめる。
　　　　次に，特定の状況につながる問題をボードや紙に書き出す。

　　　　家庭での状況１：_____
　　　　　　　　　　　_____

　　　　家庭での状況２：_____
　　　　　　　　　　　_____

　　　　家庭での状況３：_____
　　　　　　　　　　　_____

　　　　家庭での状況４：_____
　　　　　　　　　　　_____

　　　これらの状況について，以下の質問を使って話し合う。

　　　この状況はなぜ起きたとあなたは考えますか？
　　　あなたはどんなことをして，（お母さん，お父さん，おばあちゃんなど）に怒られる

のですか？
　もしそれが再度起きたら，この問題を解決するためにあなたには何ができますか？

3.2　実生活の問題に対して，妥協することを見出すロールプレイをする。セラピストは，問題と問題解決のための戦略を記載するために，「家庭での状況の問題解決」ワークシートを使う。それから，適切なアサーションのスキル，例えば，積極的に話を聴くことや静かな声で話すことなどのロールプレイをすることもできる。最後に，子どもに，家庭での問題を話す計画を書き出すように促す；「家庭での状況の問題解決」ワークシートは，適切な段階をふんで，作成していくことができるシートである。「行動契約」では，もし子どもがそこで提案された戦略を実行し，それが成功したならば，親はそれに見合った報酬を与えることになる。

4.　コミュニケーションにおける悪い癖をモニタリングする練習をする

　「コミュニケーションの癖」ワークシートを用いて，ワークシートの左側に載っているような，コミュニケーションの癖がないか子どもに尋ねてみる。明らかに，コミュニケーションの問題を持つ子どもたちでは洞察のレベルが様々である。しかしながら，参加した子どもは皆，葛藤を感じる状況において出てくる役に立たない癖を，少なくとも1つか2つは見つけなければならない。これは例えば，親は自分たちの息子が不快な言葉を用いることに非常に関心を寄せるが，一方，子ども自身は自分が使っている言葉に気付くことがない，などのようなことである。

　ここに悪いコミュニケーションの癖のリストがあります。これらは，私たちが他人に話をする時に悩むかもしれないことでもあります。癖のいくつか，例えば，公衆の面前で鼻をほじるなどは，はっきりとわかることです。しかし，例えば，自己防衛的になるということは，人がしばしばそれと気付かないでしてしまっていることですが，コミュニケーションにおいてはよくあることです。もし仮に，お母さんが，「リモコンはどこ？」と尋ねた時，あなたが「僕とってない！」と言ったとすると，この変換は自己防衛の例であるかもしれません。これについてどう思いますか？［短い話し合いをします］　こんなふうに，あなたがお母さんと話した時のように，ここに挙げたようなコミュニケーションの癖があなたにあるかどうか，このリストをよく検討してみましょう。

4.1　子どもが自分で気付き，喜んで取り組むよう促す。そして，2，3の悪いコミュニケーションの癖を書き出した，インデックスカードを子どもに提示する。

　そう，これらはあなたが自分自身について観察して気づいた悪い癖なのです。あなたはこれらの癖の代わりとして，何ができるでしょう？　ワークシートの右側に載ってい

る戦略はあなたのためになると思いますか？　あなたが悪い癖の代わりにすることができる良い癖を書き出してみましょう。

　悪いコミュニケーションの癖は，続いていくものであるが（人は癖になった行動の代わりに何かをするということはないものである），場合によっては，別の行動に置き換えられることもある（人は代わりの行動をとっていくものでもある）。コミュニケーションの癖を考える上で，行動は広がっていくものであると気付くことは重要である。つまり，人はセルフモニタリングをして，それが再度起こる前にその癖をつかまえるべきなのである。癖になっている行動を消すには，普段，その癖のきっかけとなっている状況に自らをおいて，それから代わりの行動を練習するということをする。

　あなたには，このインデックスカードを持ち歩いて，良いコミュニケーションをとる練習をする機会を探してほしいのです。例えば，あなたとお母さんが，宿題や門限などのことで言い争いになろうとしていると仮定します。あなたがもし，私たちが話し合ってきたような，悪いコミュニケーションを引き起こしそうな会話になろうとしていると認識したら，このカードを取り出して，自分の前に置きましょう。［いくぶん遠慮がちにお手本を示し，インデックスカードを見て同時に話し合います］　それから，カードに載っているポジティブなコミュニケーションを使った会話を構築することをやってみましょう。私はまた，お母さんが，あなたがこのカードを使っているのをみたら，要求をゆるめるよう話をしておきます。

　家でこれを実行するために，親には，このホームワークについて家で話をし，「子どもを良い方向に捉える」ことに挑戦するよう促す。セラピストは親に対して，ホームワークの1つは，インデックスカードが載っているポジティブなコミュニケーションの癖を練習することであると話す。もし親が，息子がこのカードを見ているのを見れば，これもまた，彼が新たな良いコミュニケーションの癖を練習しようとしていることを示すサインであるということを知ることになる。これは，親が子どもの努力に報い，問題に対してある程度の妥協を見出す，さらなるステップを作ることになるかもしれない。

5. 葛藤を感じる状況で自分の役割を説明する練習をする

　この取り組みの目的は，問題について話し合う時，つながりのある別のポイントに焦点を当てることを子どもに教えることである。これは，問題解決とアサーション・トレーニングのセクションで出てきた多くのスキルのまとめでもある。この取り組みでは，葛藤を感じる状況において，大切だと思うことに焦点を当てるよう子どもに促す。大人（親や教師）が，子どもに何が起きたのかを尋ねた時，子どもにはそれをはっきり説明できるスキルがいつもあるわけではない。この能力を培うには，セラピストは，子どもが葛

藤を感じる状況を，1つか2つでよいので，よく調べあげ，何が起きたのかについて明確に伝える方法のお手本を作らなければならない。

　このプログラムの主な目標の1つは，あなたに問題を扱うスキルを授けることなのです。あなたは私に，葛藤を感じる状況をいくつか話してくれました。そして私たちは，あなたがこれらの問題を解決するのに役立つ方法を見つけるために一緒に取り組んできました［前回のセッションで，子どもが報告した葛藤状況の1つを例に挙げる］。問題を明確にすることで，あなたがその問題を解決する時に戦略を用いることができるようになります。もしあなたが，何が起きたのかを明確にして説明することができなければ，解決することは困難です。もしあなたがその問題に直接巻き込まれていたら，そこでの自分の役割を話しましょう。仮に，学校でけんかをしてしまい，校長室に行くよう命じられたとしましょう。校長先生はあなたからの話を聞いた上で，相手の少年からも話を聞くことになるでしょう。そして校長先生は，誰が正しくて，誰が間違えているのかを決めるでしょう。自分で，起きたことをどう説明するかが，その決定に影響を及ぼします。

　子どもが自己弁護をする時，明確化することの重要性を十分に理解していたら，話し合いに少し時間を割く。大事な点をより明確にするために，子どもが葛藤を感じる状況で起きたことをうまく説明することができた時や，逆に，彼がほとんど情報を持っていなかったり，ささいな，重要でないことがあまりにも多かったりした例をいくつか挙げる。

5.1　**下手な戦略の例を挙げる。**プログラムの参加者である子どもの1人が，セッションに来て，自分が停学になったことを報告したことがあった。一体何が起きたのか尋ねると，彼は「あのばか教師のせいなんだ，あの先生が私を校長先生のところに行かせた」と言っていた。話の全容は以下のようであった。

　あの先生はいつも僕のあら捜しをします。僕が座って聞いている時でも，先生は何か悪いことを見つけ出します。でも，誰か他の人が同じことをしても，先生はそれには注意を払わないんです。ある女の子が授業中話をしていたのですが，先生は彼女らには何も言わなかったんです。そして，僕が，彼らが話をするのをやめさせようと振り返ったら，先生は僕を校長室に送り，僕は停学になってしまいました。

　セラピストは，子どもに対し，この話をもっとうまく進めることは考えなかったのかと尋ねた。
　その後に，セラピストとそのクライアントとの間で交わされ会話により，停学に至った状況が明らかになった。

セッション9　大人との葛藤を解決するためのソーシャル・スキル

セラピスト：OK。でも，他に何かありましたか？「静かに！」と言うだけで，普通は停学にはなりません。

子ども：その女の子たちに，話すのをやめさせるために，僕は大声で彼らを殺す，と言ったんです。もちろん，僕は本気ではありませんでした。それは単なる言葉のあやでした。

セラピスト：え〜と，近頃の君ならわかりますよね。学校で「殺すぞ」と言ってはならないのです。それは君が飛行機で爆弾を抱えているようなものなのです。それは，実際には，あなたがその女の子たちに「死の脅迫」をしたことで停学になったと聞こえます。それは本当なのですか？

子ども：それはまさに，彼らがいかに僕を捻じ曲げたか，ということなのです。

セラピスト：彼らがそのことをそんなふうに捻じ曲げた理由の1つは，あなたが校長室で，君の側から見た話をあまり上手にできなかったということです。もしあなたがそこで，いま話してくれたように話したら，彼らはあなたのことを，1人のただ怒っているだけの若者で，あなたもまた危険な目にあっているのかもしれない，という印象を持ってくれたかもしれないですね。

子ども：そう思います。

セラピスト：君自身を弁護するために，この状況を利用して，君のスキルを使ってみましょう。まず最初ですが，そんなことが起きたら，君はその話を客観的にしていかなくてはなりません。これは，何が起きたのかを，誇張することなしに単に述べるだけなのです。それから話には，始まり，中盤，終りがなければならない，ということを思い出しましょう。君が故意に何か恐ろしいことをしたのでなければ，その話は，起きたことが不幸な偶然で，君がしたことは全部防ぐことができた，ということになるはずです。

子ども：OK。

セラピスト：では，最初から始めましょう。君は，教師がばかだから自分が停学になったと言いました。それはすでに勝利する方角には向いていません。なぜならば，君が人を責めると，君もまた敵意をもつ人間として，君自身のイメージを作るのです。君は自分の話を聴いてくれる人に，自分は心が大きくて，思いやりのある人間なのだという印象を与えたいと思っていますよね。今の君の話で新たな始まりの方向を思い浮かべることができますか？

子ども：僕はそのことはわかっていると思います。僕だって，授業中，座って集中しようとしていたのです。

セラピスト：それは素晴らしい。それは，君は学ぶために学校にいて，やる気のある生徒であるというメッセージを送ることになります。それから？

子ども：それから，僕の後ろにいた，この女の子はしゃべっていました。

セラピスト：私は，君がクラスメートを叱るのが少し早いように思います。真実は君

が過度に反応したことなのです。もし誰かの集中が他人のおしゃべりによって途切れたとしても，それだけで，「僕はお前を殺す」と言うのは，少し見合っていないように見えます。

子ども：う〜ん，彼女らはずっと長い間喋っていて，僕は本当に悩んでいたんです。

セラピスト：OK。でも，君は，それが自分の行動を説明できるように，状況を作らなければならなかったのです。例えば，彼女らに喋るのをやめてくれませんかとうまく話をしましたか？　彼女らはただ喋るだけで，それ以外のことを何かしていましたか？　例えば，君に悪口を言うとか，何か卑怯なことか？　もしくは，丸めた紙を君に投げつけたりしましたか？

子ども：う〜ん，彼女らは僕のことを笑っていました。

セラピスト：わかりました。今，ようやく話の細かな部分が見えてきました。彼女らは君の後ろで話をしていて，それがあたかも君を笑っているかのようだったのですね。そして彼女たちのおしゃべりのために，自分の注意が授業からそれそうだったのですね。最初，君は，映画のように頭を半分振り返らせてみせて，彼女らがやめてくれるのを期待しました。けれど彼女らは君を無視してしゃべり続けたのですね。

子ども：はい，そして先生は彼女らには何も言わず，僕を激しく非難しました。

セラピスト：君の視点では，いかに，先生がこの話の重要な部分を担っているように見えたかがわかりました。でも，校長先生のように，もし外の人の視点から見れば，この状況の大部分は，君やその女の子たちに関わることです。もし君が，先生が不公平だから怒ったのだとしても，君は他の人々も目撃しているその状況を説明したほうがいいですよ。

子ども：では，あなたは僕にどう言わせたいのですか？

セラピスト：君が感じることを単純にそのまま言うのはどうでしょう？「僕は」で始める発言でアプローチするのはどうでしょう？

子ども：え〜，僕は本当に怒りを感じ始めたのです。

セラピスト：君が怒りを感じ始めた時，怒りのコントロール技法のうちの何かを使おうとしましたか？

子ども：う〜ん，最初僕は，そのことを無視しようとしたんです。それから，深呼吸をしようとして，そして，怒りが爆発したのです。

セラピスト：今や君の中には，本当は校長室で話すことができた話があるはずです。こんなふうなのはどうでしょう。「私はスミス先生の授業を聴いていて，ノートを取ろうとしていました。そしたら，私の後ろで，騒音とささやき声が始まりました。それは同じクラスの2人の女の子たち，ジェシカとスーザンでした。2, 3分後，私は，彼女らが話すのをやめてくれるのを願って，彼女らの方を見ました。僕たちは皆，教室の後ろの方に座っていたので，スミス先生にそれは聞こえなかっ

たでしょう。しかし僕にとってそれは，本当に気の散ることでした。僕はこの状況を無視しようとしたけれど，このことは僕を怒らせました。そして，僕は深呼吸をしようとしたけれど，不幸なことに，怒りが授業の最中に最高潮になってしまいました。明らかに，僕は過度に反応しすぎたし，その状況に対処する，もっと良い方法を見つけることができなかったのは残念だったと思います。」

子ども：それはまさに，実際に起きたことですね。

セラピスト：他にこの状況から学んだこと，それは，君は脅迫的な言葉を用いることに注意を払わなければならないということです。

5.2 次にセラピストは，**子どもの側から話が出された時，その子どもの長所と弱点についてフィードバックするとよい**。葛藤状況を短く，直接的な文で話す練習をするよう子どもに促す。セラピストは，子どもが自分の考えを組み立てる時，モデルを示して修正的なフィードバックをしなければならない。以下は潜在的な弱点である。

喋りすぎてポイントにたどりつかない：人は混乱し，悩む。
他人を非難する，もしくは防衛的になる：あなたには敵意があるように見なされる。
話の重要部分を見失う：聞く人が誤った印象を持つかもしれない。
聴いた人のフィードバックに注意を払わない：聞いた人は君を失礼に思うかもしれない。

次に挙げる，これらのルールの重要性について話し合う。

その状況を短く記載する。
他人のせいにしない。
自分がどう感じるのか，「私は」で始まる文章を用いて話す。
主要ポイントに焦点を当てる。話の軌道をはずれない。
もしなにか間違えたことをしたら，ごめんなさいと言う。

6. セッションをまとめ，ホームワークを出す

子どもに，セッションの中の大事な点を思い出してもらい，その教材が，どのように現在の怒りがわきおこる状況とつながっている可能性があるのかについて話し合う。短いまとめも示す。

今日私たちは，大人との葛藤に向けた問題解決について話し合いました。私たちは普段，あなたが家で親と言い争いになるかもしれない状況について話をしました。そして，これらの問題となる状況のうちの1つについて，最後まで見通した計画が作成されました。私はあなたが，この計画をやり抜くことができて，家でのこのような状況で使う

ことができることを願っています。それからまた，葛藤を感じる状況で，自分の役割を明確に説明するスキルを練習することもです。

6.1　**子どもに，コミュニケーションの癖を書いたインデックスカードを携帯して，自分の行動を変えることを促す。**セッションの終りに，子どもに対して，家と学校で，代替行動をしてみることを思い出すよう勧める。

6.2　「怒りのマネジメント日記9」は，次回セッションまでに記載されていなくてはならない。それには，子どもがこのセッションで出てきたスキルを使って成功したことについて書きとめる。

6.3　セッション9の終りには，「毎日の怒りのモニタリング日記」が再びホームワークとして出されなければならない。セラピストは子どもに，次回セッションの前に，怒りが生じた出来事をすべて簡単に記載するよう促さなければならない。セラピストと子どもは，「毎日の怒りのモニタリング日記」の目的を振り返り，そのカテゴリーについて話し合わねばならない。怒りがわきおこった出来事はすべて記録されることも強調される。

7. 親が入室し，ともに確認をする

子どもに対し，セッションで自分が学んだことを話すよう促す。このセッションは，親子の葛藤に焦点を当てているので，この回の親のチェックインは，他の回よりもいくぶん長くなるかもしれない。セラピストは，子どもに対し，「家庭での状況の問題解決ワークシート」の内容を，親に向けてまとめて話をすることを求める。親は，子どもが，問題について書いたことと，解決方法を示したことに対しポジティブなフィードバックをすることが求められる。もし子どもが，「行動契約」（セクション3.2を参照）を進めることに興味をもったら，セラピストは子どもを支持し，親を行動の目標を作り，報酬をえることに賛成するよう助ける。親に対し，子どもがかつて，怒りや指示に従わないきっかけとなっていたかもしれない状況で，適切に行動することができた時の例を挙げてみるよう促す。もし必要であれば，セラピストは，セッションの教材から，その子どもに最も響いていたように思える2, 3のポイントを箇条書きにして示す。

セッション 10

振り返りと結論

★ 目 標

1. ホームワークを提出してもらい，前回のセッションの教材を振り返る
2. プログラムの効果に対する子どものフィードバックをもらう
3. 付加したプログラムの振り返りを導く
4. 卒業証書を授与する
5. 親が入室し，ともに確認をする

ワークシート

破壊的行動評価尺度（DBRS）
家庭での状況についての質問票（HSQ）
怒りのマネジメント・スキルのチェックリスト
卒業証書（任意）

☑ ホームワーク

なし

1. ホームワークを提出してもらい，前回のセッションの教材を振り返る

　　前回，私たちは，親や先生も関わってくる，葛藤を感じる状況に対処することについて話し合いました。時にこれらの葛藤は，誤った解釈や，考えないで行動することから生まれることがあります。それから，私たちはアサーションのスキルについて話し合いましたね。それには，適切な非言語的な行動（身振り手振り，声の調子など）や積極的に聞くことなどがありました。これらのスキルは，大人との葛藤を感じる状況での交渉においては殊に重要です。なぜなら，言葉によらない行動は，時に大人が自分を見下しているサインであると誤って解釈する可能性があるからです。例えば，あなたは声を大きくすれば，聴いてもらえるチャンスが増えると思っているかもしれません。しかし実際には，お母さんは，自分に向かって大きな声を上げるのは，彼女が見下されていると考えて，怒り出すかもしれないのです。あなたは，これらのアサーションスキルを，先週，何らかの葛藤を感じる状況で使ってみることはできましたか？

　　私たちまた，あなたからよくわかるように話をしてもらう，そんな方法で，あなたの側から見たことについて話をする練習をしました。先週，あなたにこのスキルを用いることを求めるような状況は何かありましたか？

1.1 「怒りのマネジメント日記9」を振り返る。もし子どもが，アサーティブな対処戦略を用いていなかったら，それを修正するよう促すようなフィードバックをし，より適応的な行動のモデルを示す。

1.2 「毎日の怒りのモニタリング日記」を振り返り，子どもに対して，先週起きた大きな怒りのエピソードがすべて書き込まれているかを尋ねてみる。このシートで報告された怒りのエピソードを取り上げて話し合うのには，数分を要するかもしれない。

2. プログラムの効果に対する子どものフィードバックをもらう

　　最終セッションのこの部分は，インタビューとして行われるので，もし子どもが十分にこなしていれば，このセクションはこのセッションの大半を占めることになる。下記は，このインタビューを導くのに使うことができる質問リストである。

　　このプログラム全体についてどう思いましたか？　役に立ちましたか？
　　私たちは怒りについて話し合うことから始めましたが，私は，あなたが今，以前と比較して，何らかの違いを感じているかどうか気になるのです。あなたは，このプログラムが始まった頃に比べて，怒る頻度は減ったと思いますか？　プログラムを始めたころに比べて，あなたを怒らせることが少なくなったと言ってもよいでしょうか？　怒りの気持ちの強さについてはどうなのでしょう？　もしあなたを怒らせることが今も何かあ

セッション10　振り返りと結論

るとしたら，あなたの怒りは，以前のように，最大レベルまで上がるのでしょうか？もしくは，今は，ほどほどのレベルを維持できていますか？

　セラピストは，「怒りのマネジメント・スキルのチェックリスト」を用いて，子どもの進歩を評価する。ベースラインを比較するため，親は，「破壊的行動評価尺度（DBRS）」と「家庭での状況についての質問票（HSQ）」を記入するよう求められる。
　子どもが報告する陽性の変化をまとめて，変化について強調する。例えば：

あなたは以前に比べて，より小さな問題に悩んでいて，深刻さも少なくなっているように見えます。

2.1　プログラムの怒りのマネジメントのモジュールを振り返る。子どもに，自分が日常生活の中で使えるようになった怒りのコントロールスキルについてのフィードバックをもらう。プログラムが終わるまでに，セラピストは，子どもが学んだことについてよく理解している必要があるのは当然のことである。それを促すことは，子どもが思い出すのに役立つかもしれない。「怒りのマネジメント・スキルのチェックリスト」は，10の技法から構成され，それは最初の3セッションで出てくる。セラピストは，子どもがそれらの技法を使っているかどうかを簡単に合わせてみたり，また，少しこみいった方法ではあるが，子どもが実施しづらいと感じる順に，技法を順位付けする（rank）こともできる。

　さあ，このプログラムで私たちが話し合った，様々な怒りのマネジメントについて振り返って考えてみましょう。どの技法があなたに最も役に立ちましたか？　あなたはそれをどのくらいの頻度で使いましたか？

　子どもの返答をまとめ，これらのスキルをずっと継続して練習していくことの重要性を強調する。例えば：

あなたは，怒りのマネジメントに，2，3の戦略を用いることができてきたように見えます。些細なことであれば無視することができるようになり，また，リマインダーを使うこともできるようになりました。例えば，「気楽にいこう」と心の中で考えるような。もし気分が悪くて，フラストレーションが露わになりそうな時には，タイムアウトを行ったり，好きな音楽を聴くことも学びました。これらは，素晴らしいスキルで，あなたはぜひ持つべきだと思います。重要なことは，このプログラムが終わった後でも，怒りのコントロールのためにそれらを使い続けることです。

もしセラピストが，子どもがいくつかのスキルを用いているのに，振り返りの中でそのことを忘れていたら，このスキルについて尋ねるのは適切である。しかし，セラピストは，この時には，ずっと忘れていたり，使ってこなかったことを振り返るのは避けねばならない。

2.2　**プログラムの問題解決のモジュールを振り返る。**社会的な問題解決スキルにおける認知的欠損は，通常は，認知の欠損（すなわち，能力に欠けること）と認知の歪み（すなわち，不適切な遂行（inadequate performance））に分けられます。問題解決モジュールは，適切な葛藤解決戦略を生み出し，評価し，行動することが難しい子どもに向けた取り組みもある。加えて，怒りがわきおこることの重要性を評価したり，他者の意図を理解すること，自分自身の攻撃行動を正当化することなどに対し，認知の歪みを標的にする認知再構成がある。セラピストは，子どもに対し，認知的コーピングや問題解決スキルが，毎日の生活の中で使われてきたか尋ねる。怒りのマネジメント・スキルのチェックリストで，子どもが使った技法を確認し評価する。

私たちはこれまで，行動を起こす前に考えたり，問題の解決法をいくつか生み出したり，行動の結果について考えることに時間を割いてきました。これらは，あなたが問題状況に直面した時に役立ちましたか？　私たちはまた，葛藤状況の原因や，それに関わる人の動機を理解するのに時間を使ってもきました。あなたは生活の中でこれらのことを使うことはできましたか？

子どもの，これまでで最もうまくいった，問題解決戦略への反応を1つか2つまとめ，これらの戦略を練習し続けることの重要性を強調する。それは例えば：

それであなたは，実際に行動を起こす前に問題を解決できるような，他の方法について考えることは役立ったと話してきました。このアプローチによって，あなたには選択肢が増えます。あなたはまた，これまで他人の行動の原因を理解するのに，相手の靴に自分の足を押し込めようとしてきました。もしその問題が，本当は彼の責任ではなく，1つのアクシデントであったと認識できば，あなたはあまり怒ることはないでしょう。

再度，その子どもが，この振り返りで，自分の報告よりもさらに多くの問題解決の技法を用いていると思ったら，セラピストがさらに調べるのは適切なことである。一方で，忘れたことや関連のない教材には深入りしない方がよい。

2.3　**プログラムのソーシャル・スキル・トレーニングのモジュールを振り返る。**ここでの目標は，仲間や大人との葛藤状況に対処するための適切なスキルを形成することである。

セッション10　振り返りと結論

　これらのソーシャル・スキルは，いくつかのアサーション技法から構成されており，それは，積極的な話の聞き方，非言語的な行動の調節，問題となる状況でのその人の行動を説明する，等である。前の2つのモジュールの振り返りと同様，このソーシャル・スキルとアサーション技法のどれかを使うことができているか子どもに尋ねてみる。

　プログラムの最後の3セッションの中で，私たちは葛藤状況を解決するのに役立つ様々なスキルを練習してきました。最も重要な部分は，問題を解決する言葉を使うことを学習することでした。あなたは，このプログラムで一緒に学んでから，葛藤を感じる状況でコミュニケーションをとったり，交渉したりすることが，自分にとって，よりたやすいことになったと感じていますか？
　私たちはまた，身振り手振り，表情，声の質について話し合いました。これらは全部，アサーション行動と呼ばれるパッケージの一部分なのです。アサーティブに行動することは，それに関わる人を攻撃することなく，問題を解決することを意味します。あなたは，学校や家でアサーション技法を何か使うことができましたか？

　ソーシャル・スキル・トレーニングについての質問に対する子どもの反応をまとめ，すでに継続して基本スキルとして役立ててきたこれらのスキルを使うことの重要性を強調する。例えば：

　あなたはお母さんに話す時，声を大きくしないことを学んだように見えるし，権威ある人に自分の行動を説明する時には，それに関係する細かなことに焦点を当てることを学んできました。あなたはまた，他の人と議論をする時には，その人の言葉に注意深く耳を傾けることも学んだと話していました。それはあなたの親や，先生とのコミュニケーションに役立ってきました。

　もし子どもから何らかのフィードバックがなければ，より狭めた質問をするとよい。しかしながら，セラピストは，以前したことのない講義や話をしないよう注意しなくてはならない。

3. 付加したプログラムの振り返りを導く

　プログラムを振り返るための方法はいくつかある。これには，プログラムの最初から最後までの「毎日の怒りのモニタリング日記」を，各セッションへの子どもからのフィードバックの簡単な振り返りと比較するという方法もある。セラピストは，プログラムでの，その子どもの進歩に応じてこれらの取り組みから選んでいくこともできる。

3.1　「毎日の怒りのモニタリング日記」を，プログラムの最初と最後で比較する。この取

り組みに向けて，セラピストは，「毎日の怒りのモニタリング日記」を，最初の2セッションから準備しなくてはならない。ここでは，「怒りのモニタリング日記」を用いるが，それは，セルフモニタリングを教えるためのものである。それは，サイコメトリー的な価値があるということではなく，臨床的な価値がある。セラピストは最初にまず，日記を振り返り，次に子どもへのフィードバックの準備をする。このフィードバックでは，子ども自身の報告による，怒りの頻度，強さ，そして持続時間をプログラムの最初と最後で比較することに焦点を当てる。

3.2　**各セッションへの子どもからのフィードバックを振り返る**。各セッションは，セラピストが子どもに対し，実行可能な対処の機序をそのセッションの間に尋ねて終わりとなる。そして，次のセッションは，セラピストが子どもにこれらの対処機序が，その週の間，どのように役立ったのかについて尋ねることから始まる。最終セッションの振り返りでは，各セッションの振り返りの間に，子どもが気付いてきたこれらのスキルに焦点を当てることができる。

4.　卒業証書を授与する

　私たちが一緒に取り組んできた子どもの多くは，臨床研究の一部として本治療に参加してくれた。年少の子どもたち（8～12歳）は，私たちの「卒業証書」を喜んで受け取ってくれた。セラピストは，本治療の最終セッションを終える時，卒業証書を出すか，ただ握手をし「ありがとう」と言うのみとするかは，それぞれの臨床判断になる。中には，ブースターセッションを求める家族もあるかもしれない。ブースターセッションは，必要に応じて行われ，その子どもに最も響いた怒りのマネジメントと問題解決のリハーサルから構成される。

5.　親が入室し，ともに確認をする

　最終セッションの最後は，親からのフィードバックを得るため，長時間参加することを求める。そこでは進歩を振り返り，プログラムは終了となる。

親セッション

　認知行動療法は子どもに焦点を当てた治療であるが，親と接触しないことは，臨床的に効果がなく，不自然なことである。私たちの臨床研究では，計3回，各30分の親セッションがあり，それは，セッションの初めか終わりに，また，治療の初め，中盤，終りに組み入れられる。臨床実践においては，基本的に必要に応じて副次的に行われるものとなる。セラピストはまた，親が各セッションの内容をまとめ，プログラムでの子どものがんばりを認める機会を与えるために短いチェックインを行わねばならない。

　破壊的行動の多くは家族内で起こり，それには親の求めに従わないこと，口論，兄弟との葛藤なども含む。認知行動療法の一部として，子どもたちは，問題解決スキルと，これらの問題を防ぐための代わりの行動などを教えられる。親は，子どもの適切な行動に対して，賞賛し，報酬を与えなければならない。私たちはイントロダクションに，親が子どもの破壊的行動を扱う戦略を学ぶ上で役立つ，種々のペアレント・トレーニングプログラムが利用できることを付記した。子どもに焦点を当てた本認知行動療法の一部として，セラピストは，子どものポジティブな行動ばかりでなく，不適切な行動を形成してきた強化の意味や価値について，親に対して教育することができるかもしれない。私たちは親に対し，子どもに注意を払い，賞賛することを勧め，それは，誤った行動に注意を向けることばかりではないということを伝える。この時，私たちはRussell Barkleyの「彼らを良き者と捉えよ」という言葉を使う。私たちはまた，親とフラストレーションの高まる状況について話し合う時，親は静かな声を保つよう促し，子どもにとっての怒りのマネジメント・スキルの適切なモデルとなるよう求める。

親セッション 1

親との最初の面会は，精神療法の最初の出会いに似ている。それは，初回セッションの直前に行われるのが理想的である。

★ 目　標

1. 親のプログラムへの参加を歓迎する
2. 情報を集める
3. 認知行動療法の目的，フォーマット，内容について情報を示す
4. 両親に対し，望ましい行動を賞賛することと報酬を与えることを教育する

ワークシート

破壊的行動評価尺度（DBRS）（親用）
家庭での状況についての質問票（HSQ）（親用）

1. **親のプログラムへの参加を歓迎する**

　セラピストは，プログラム参加を歓迎し，不満なことがないか尋ねたり，治療のフォーマットを書き出すなどしてセッションが開始される。セラピストは親に，「家庭での状況についての質問票」と「破壊的行動評価尺度」を，初回セッションの前に，子どもの現在の怒りと不服従の程度を評価するために記入してもらう。合計点は，行動上の問題の全般的重症度についての有用な情報にもなる。個々の項目の点数からは，破壊的行動の頻度とタイプについて，臨床上，有用な情報が得られるかもしれない。

　いくつかのトピック，例えばけんかのような行動を減らすスケジューリングや目標については，プログラムの初めに親と子どもに話をすることもできる。

　本治療について大まかな説明をするのに，少し時間を取りたいと思います。セッションは週に一度，計10回行われます。通常は，子どもと一対一で行いますが，時には親ごさんとグループで面接をしたり，一対一での面接もしたりします。あなた（方）は，このプログラムに何を期待されていますか？

2. **情報を集める**

　子どもについての臨床評価が見立てられ，話し合われる中で，関連情報が集められるが，子どもはその間，外で待っているよう指示されることもある。セラピストは本治療で標的とする行動上の問題に焦点を当てなくてはならず，また，親に対し，認知行動療法でこれらの症状にどのように対処できるのかを説明しなくてはならない。最初の臨床評価に参加できなかったセラピストは，集められた情報をよく知っておかなくてはならない。

　次のことは，見立てにあたり，特に重要となる。

　　特定の行動上の問題とその重症度。
　　問題の頻度と最も起こりやすい状況。
　　これまで，これらの問題にどのようにして対処してきたか。
　　治療歴。
　　家族にとって現在ストレスとなっているもの。
　　破壊的行動以外の精神医学的診断と症状のすべて。

3. **認知行動療法の目的，フォーマット，内容について情報を示す**

　これは，子どもが部屋にいる時に行うこともできるが，見立てについては大人のレベルに合わせることもできる。

　認知行動療法では，感情の調節と問題解決を教えます。この治療の目的は，怒りや関

連する破壊的行動の頻度と強さを減らすことです。
　このプログラムについて，何か質問はありますか？

　スケジューリングや，セッションに来ない，スケジュールを変更する，遅れるなどの問題について話し合うことは重要である。認知行動療法では，自宅でスキル（"ホームワーク（宿題）"は，子どもの前で使うには悪い言葉であるかもしれない）を練習するということもしなければならないが，これは学校の宿題のようなものとは違い，親は子どもから何かを要求してはならない。治療を通して，セラピストは，子どもがプログラムを「うまくやり」，ホームワークとして出された，怒りのマネジメントの練習を実行させる責任がある。

4. 親に対し，望ましい行動を賞賛することと報酬を与えることを教育する

　親は子どもに対し，彼らが望ましい行動をとった時，また，破壊的行動を取らなかった時にも，賞賛をしたり報酬を与えることがいかに重要なことであるかについて教えられる。「彼らを良き者と捉えよ」とは，子どもが誤った行動をとらなかった時，子どもへ注意を向け，子どもを賞賛することの大切さを親に伝えるのに役立つ方法である。もし親が，認知行動療法に参加した後，報酬を与えれば，それもまた役立つものとなるであろう。認知行動療法は，セッション後の治療として具体的な強化に向けた努力ばかりでなく，賞賛も重要な要素である。

　同様に親は，小さな誤った行動を無視し，その子どもに勝たせることにより，気付かずに，子どもの誤った行動を強化することを避けるために，あえて，「けんかを仕掛ける」ことを学ぶよう助言をすることもある（「逃避条件付け」として知られている機序）。例えば，運転手がスピード違反のチケットを切られた後は速度を緩めるように，子どもは，もしかんしゃくを起こすことで思い通りの結果に終わったら，次にまたかんしゃくを起こすであろう。指示に従わないこと，泣き言，口論などは，もしそれをすることにより，子どもが嫌がる，宿題や部屋掃除などのような状況を回避できるという結果になれば，その行動は強化されるかもしれない。

　望ましい行動（例えば宿題をしたり，テレビのリモコンを兄弟と共有することなど）の正の強化は，行動マネジメントの中核となるものである。直観的にわかりやすいが，強化の原則と技法は誤って解釈されることがある。例えば，社会的な強化，それは注意の集中や賞賛などであるが，それが親との争いとなることがある。よくある反応に「我々は常に実行している」というものがある。しかしながら，さらなる話し合いによりしばしば明らかとなるのが，適切な行動が認識され賞賛されることがないままに，破壊的行動に目が向いているということである。

　罰についての議論は，このプログラムの範囲を超えている可能性があるが，罰することのみでは，行動を変化させることはない，ということは気づかれ始めている。過度な

言葉による叱責や，身体的罰のような，厳しく一貫性のないしつけは攻撃性を増すことがわかってきている。

親セッション2

2回目の30分の面接は，治療の中間点，第5回の子どもセッションの前または後に行われる。

★ 目　標

1. プログラムにおける子どもの進歩について話し合う
2. 親に対して，子どものプログラムへの興味といくつかの中間結果の報告についてのフィードバックをする
3. 改善にはもう少し回数を要することを強調する
4. 治療に関連するかもしれない，持続的な，または新たな出来事を見つける
5. 子どもを治療の成功に導くよう大人と共同で治療に臨む

1. **プログラムにおける子どもの進歩について話し合う**

    標的とする破壊的行動の症状のレベルの変化，新たな問題領域，新たなストレッサーおよび関連する出来事すべてについて尋ねる。

    あなたは，行動の改善について何か気づいたことがありますか？
    新たな問題が何か生じましたか？
    治療はこれまでどんなでしたでしょうか？
    あなたはこれまで，彼が，怒りのマネジメントのスキルを家で何か使っているのを見たことがありますか？

2. **親に対して，子どものプログラムへの興味といくつかの中間結果の報告についてのフィードバックをする**

    例えば：

    彼はプログラムへの動機づけがうまくされて，興味を持ってくれていましたか？
    彼はこれまで，例えば葛藤を感じる状況で行動する前に結果について考えるなど，怒りのマネジメントのスキルを使うことができたと私に話してくれています。

3. **改善にはもう少し回数を要することを強調する**

    もし親が改善点は何もないと言ったり，新たな行動の問題を報告した場合はそうする。進展がみられないことについて話し合い，CBTを続けるよう家族を励ます。

    行動の変化というものは緩やかに起こるものであり，それが改善されたことがわかるのにはより時間を必要とするかもしれません。かつてならば，言い争いや指示に従わない結果となっていたかもしれない場面で，お子さんが適切な行動をとった例を何か思い出すことはできますか？

4. **治療に関連するかもしれない，持続的な，または新たな出来事を見つける**

    例えば，もし家族が離婚を体験するならば，このことが，子どもの破壊的行動に与えるであろう影響は調べる必要があるかもしれい。もし親が新たなストレス要因，例えば，家族の病気，経済的な問題などを報告したならば，臨床に関連するものとして，心理的支援を行わねばならない。誘導的質問のいくつかを以下に挙げる。

    ご家庭はどうでしょうか？　すべてうまくいっていますか？
    新たなストレスとなることはありませんか？　お子さんはそれにどのように対応していますか？

5. 子どもを治療の成功に導くよう大人と共同で治療に臨む

　怒りと攻撃性に向けた認知行動療法に参加する子どもの親にとり，子どもの本研究への参加について，子どもを担当する教師や学校長，他の臨床家たちと共有することを求めることは珍しいことではない。セラピストは，クライエントについてのいかなる手紙や報告であっても，提出前に情報の発信や交換についての親の署名の入った同意書をとらねばならない。

親セッション3

3回目の親セッションでは，治療の終了時に，子どもの最終セッションの前，もしくは後でフィードバックをし，進展を振り返り，そしてプログラムを終了する。

★ 目 標

1. 子どもが進歩したことを話し合う
2. 標的とする行動上の問題の変化を振り返る
3. 治療を終了する

1. 子どもが進歩したことを話し合う

子どもが家で使うことができるようになってきた，怒りのマネジメント・スキルについて，親からのフィードバックをもらう。プログラムの開始時からの標的行動の頻度と強度の変化を振り返り，親に対して本プログラム全般について感じることについて尋ねてみる（非公式な消費者満足度調査）。

この治療についてどう考えますか？
これを誰か他の人に勧めますか？
これまで，治療の一部分である怒りのマネジメント・スキルを，お子さんが使っているのをいくつか見ることができましたか？

2. 標的とする行動上の問題の変化を振り返る

持続的な行動上の問題について，他の治療法の情報を提供する（詳しくはイントロダクションを参照のこと）。

あなたが，本治療の始めに記載していた行動の問題をいくつか思い出してみましょう。これらの行動の頻度は，今どのくらいですか？　持続的な問題に向けた他の治療には，構造化されたペアレント・マネジング・プログラム，マルチシステミック療法（MST）のような統合的治療や薬物療法などがあります。

3. 治療を終了する

治療に参加してくれたことに謝意を示す。もし必要であれば，臨床上の支援を受けることを勧める。

付録 1

クライエント用ワークシート

ワークシート 1　怒りの要素　155
ワークシート 2　怒りの引き金　156
ワークシート 3　怒りから気をそらす　157
ワークシート 4　毎日の怒りのモニタリング日記 1　158
ワークシート 5　怒りのマネジメント日記 1　160
ワークシート 6　気持ち温度計　161
ワークシート 7　ストップ・サイン　162
ワークシート 8　怒りを表す言葉　163
ワークシート 9　リラクゼーションの練習日記 1　164
ワークシート 10　怒りのマネジメント日記 2　165
ワークシート 11　あなたは体の中のどこで怒りを感じますか？　166
ワークシート 12　たくさんの怒った顔　167
ワークシート 13　怒りを描きましょう　168
ワークシート 14　漸進的筋弛緩　169
ワークシート 15　怒りのマネジメント日記 3　170
ワークシート 16　リラクゼーションの練習日記 2　171
ワークシート 17　気持ちがしずまる考え　172
ワークシート 18　目の見えない人と大きなもの　173
ワークシート 19　怒りのマネジメント日記 4　174
ワークシート 20　問題の同定，選択，結果　175
ワークシート 21　問題解決の前の怒りのマネジメント　176
ワークシート 22　怒りを丁寧に表現する言葉　177

ワークシート23　怒りのマネジメント日記5　178
ワークシート24　釣り用ボート　179
ワークシート25　行動契約　180
ワークシート26　怒りのマネジメント日記6　181
ワークシート27　ロールプレイの練習　182
ワークシート28　行動の3通りの方法　183
ワークシート29　怒りのマネジメント日記7a（からかいに対するアサーティブな反応）　184
ワークシート30　怒りのマネジメント日記7b（からかいを無視する）　185
ワークシート31　権利章典　186
ワークシート32　積極的に話を聴くための3ステップ　187
ワークシート33　怒りのマネジメント日記8a（アサーション・トレーニング）　188
ワークシート34　怒りのマネジメント日記8b（責められた時の対処）　189
ワークシート35　家庭での問題解決　190
ワークシート36　コミュニケーションの癖　191
ワークシート37　怒りのマネジメント日記9（大人との問題解決に向けたアサーションスキル）　192
ワークシート38　卒業証書　193
付録2　破壊的行動評価尺度（DBRS）　194
付録3　家庭での状況についての質問票（HSQ）　195
付録4　怒りのマネジメント・スキルのチェックリスト　197
付録5　治療の厳密性のチェックリスト　199

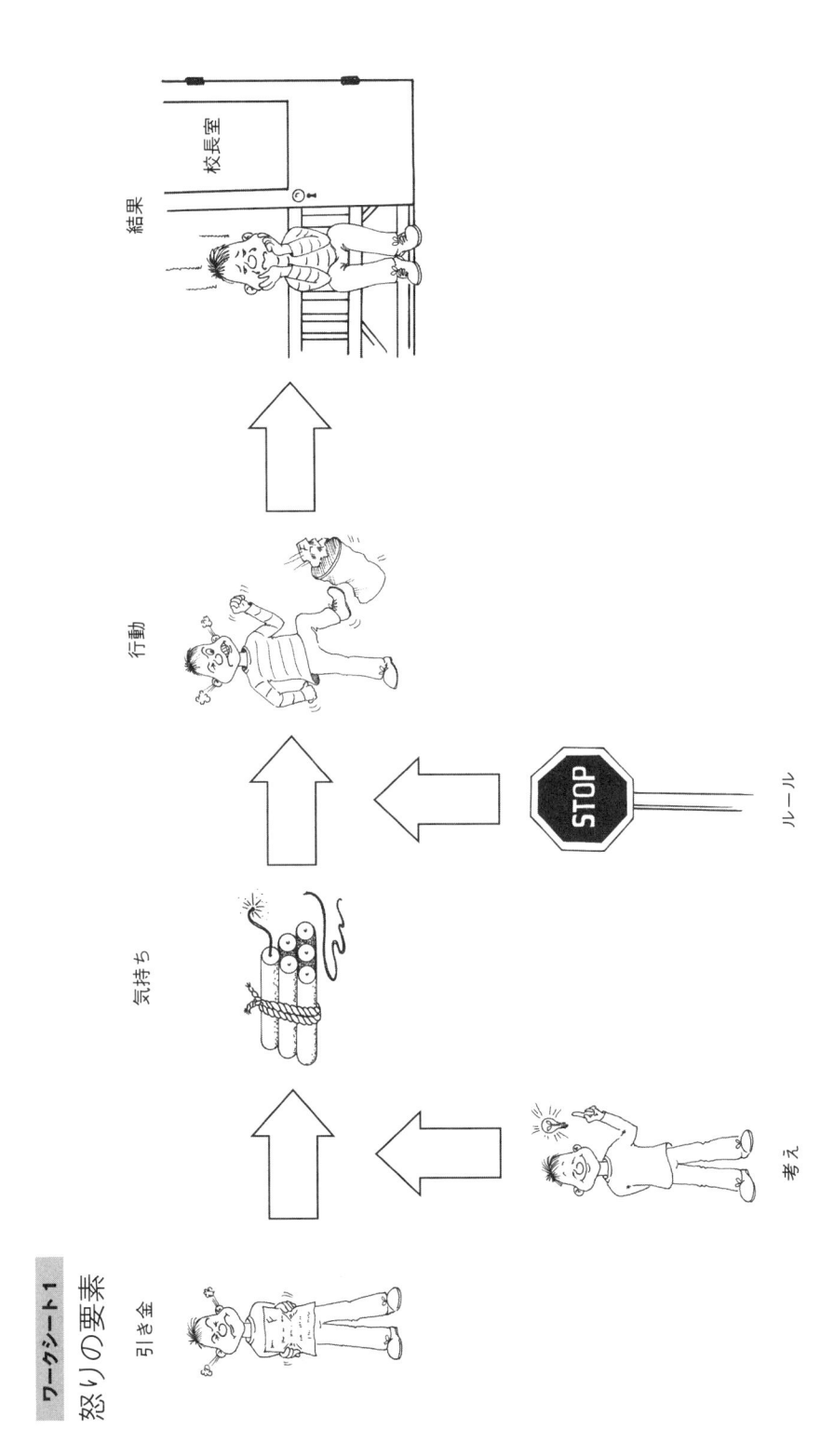

ワークシート1

怒りの要素

引き金 → 考え → 気持ち → ルール → 行動 → 結果

校長室

From Denis G. Sukhodolsky and Lawrence Scahill. Copyright 2012 by The Guilford Press.
本ワークシートの複写は，個人使用目的限定とし，本書籍の購入者にその権利が付与されるものとする。

ワークシート 2

怒りの引き金

よくある怒りの引き金　　あなたの怒りの引き金

1. _____

2. _____

3. _____

4. _____

5. _____

From Denis G. Sukhodolsky and Lawrence Scahill. Copyright 2012 by The Guilford Press.
本ワークシートの複写は，個人使用目的限定とし，本書籍の購入者にその権利が付与されるものとする。

ワークシート3
怒りから気をそらす

怒りから気をそらすために人がすること　　　あなたが怒った時，気をそらすために何ができますか？

1. _____

2. _____

3. _____

4. _____

5. _____

From Denis G. Sukhodolsky and Lawrence Scahill. Copyright 2012 by The Guilford Press.
本ワークシートの複写は，個人使用目的限定とし，本書籍の購入者にその権利が付与されるものとする。

ワークシート 4

毎日の怒りのモニタリング日記 1

指示：セッションとセッションの間、怒りがわきおこった状況をすべて記してください。毎日、その日が終わるまでの間に、2～3分の時間をとって、その日の出来事を書きこんでください。この取り組みは、その日が終わる最後の瞬間まで引き延ばさないようにしましょう。あなたを怒らせた出来事を毎日モニターすることはとても大事なことです。空欄が足りない場合には裏面に続けてください。

日付／時間／場所	何があなたを怒らせたのですか？	怒りの強さ (0～100)	あなたはどう行動しましたか？	結果はどうでしたか？
1.				
2.				
3.				
4.				
5.				
6.				
7.				

From Denis G. Sukhodolsky and Lawrence Scahill. Copyright 2012 by The Guilford Press.
本ワークシートの複写は、個人使用目的限定とし、本書籍の購入者にその権利が付与されるものとする。

ワークシート 4

毎日の怒りのモニタリング日記 1（続き）

日付／時間／場所	何があなたを怒らせたのですか？	怒りの強さ (0〜100)	あなたはどう行動しましたか？	結果はどうでしたか？
8.				
9.				
10.				
11.				
12.				
13.				
14.				

次回持ってくるのを忘れないでください。

ワークシート5

怒りのマネジメント日記1

この週の間であなたが怒った時に，怒りのマネジメント・スキルを上手に使うことができた状況を1つ思い出して書き出してみましょう。

その状況を書きましょう。　_____
　　　　　　　　　　　　　_____
　　　　　　　　　　　　　_____

それに関わったのは誰でしたか？　_____
　　　　　　　　　　　　　　　　_____
　　　　　　　　　　　　　　　　_____

あなたは何を言いましたか？　_____
　　　　　　　　　　　　　　_____
　　　　　　　　　　　　　　_____

あなたは何をしましたか？　_____
　　　　　　　　　　　　　_____
　　　　　　　　　　　　　_____

その後何が起きましたか？　_____
　　　　　　　　　　　　　_____
　　　　　　　　　　　　　_____

その時にあなたがとることが
できた別の行動はありますか？　_____
　　　　　　　　　　　　　　　_____
　　　　　　　　　　　　　　　_____

日付_____　時間_____　場所_____

From Denis G. Sukhodolsky and Lawrence Scahill. Copyright 2012 by The Guilford Press.
本ワークシートの複写は，個人使用目的限定とし，本書籍の購入者にその権利が付与されるものとする。

ワークシート 6

気持ち温度計

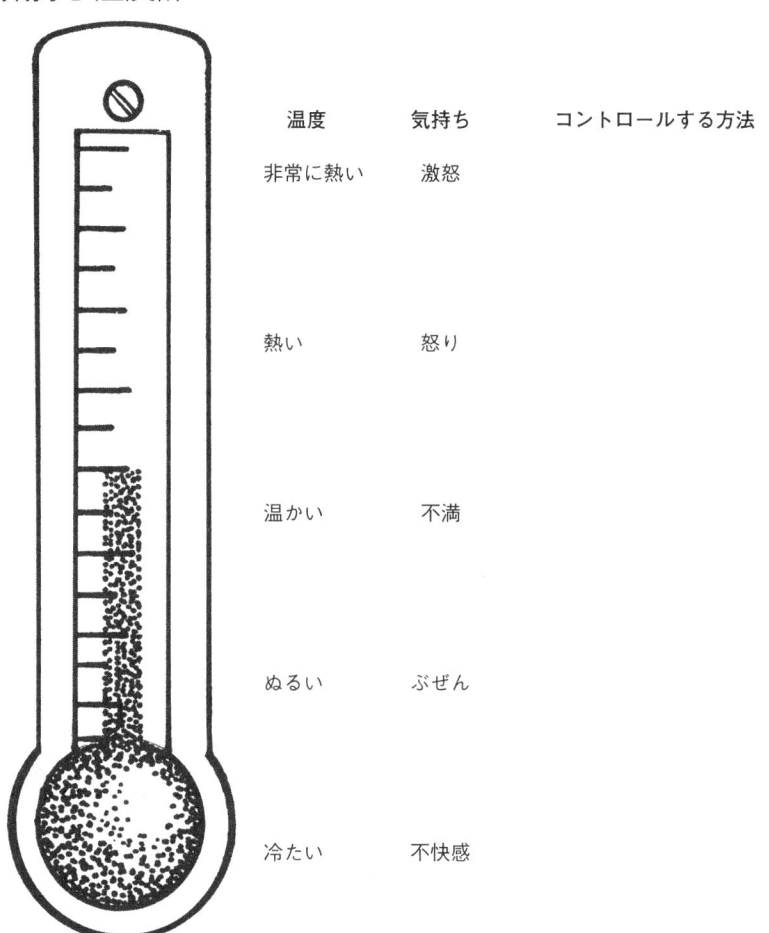

温度	気持ち	コントロールする方法
非常に熱い	激怒	
熱い	怒り	
温かい	不満	
ぬるい	ぶぜん	
冷たい	不快感	

From Denis G. Sukhodolsky and Lawrence Scahill. Copyright 2012 by The Guilford Press.
本ワークシートの複写は，個人使用目的限定とし，本書籍の購入者にその権利が付与されるものとする。

ワークシート 7

ストップ・サイン

From Denis G. Sukhodolsky and Lawrence Scahill. Copyright 2012 by The Guilford Press.
本ワークシートの複写は，個人使用目的限定とし，本書籍の購入者にその権利が付与されるものとする。

ワークシート 8

怒りを表す言葉

怒りの気持ちを表す言葉にはいろいろあります。下記の言葉のうち，どの言葉が「非常に怒っている」ことを表し，どの言葉が「怒りはより少ない」ことを表しているのでしょうか？　わけてみましょう。

	非常に怒っている	怒りはより少ない
怒っている	_____	_____
激怒している	_____	_____
ムッとする	_____	_____
がっかりだ	_____	_____
怒り狂っている	_____	_____
攻撃的だ	_____	_____
イライラしている	_____	_____
腹立たしい	_____	_____
不機嫌だ	_____	_____
卑劣だ	_____	_____
動転している	_____	_____
陰うつだ	_____	_____
憂うつだ	_____	_____
ぶち切れている	_____	_____
わずらわしい	_____	_____
神経にさわる	_____	_____
ムカつく	_____	_____
カンカンだ	_____	_____
オスカー（セサミストリートのキャラクター）の不平	_____	_____

From Denis G. Sukhodolsky and Lawrence Scahill. Copyright 2012 by The Guilford Press.
本ワークシートの複写は，個人使用目的限定とし，本書籍の購入者にその権利が付与されるものとする。

ワークシート9

リラクゼーションの練習日記 1

最低，一日一度は，各リラクゼーションを試してみましょう。これらの技法を使う機会があった時には，日付，時間，場所を書き込みましょう。

	日付	時間	場所
リズミカルな呼吸			
ポジティブなイメージ			
数字の逆唱			

	日付	時間	場所
リズミカルな呼吸			
ポジティブなイメージ			
数字の逆唱			

	日付	時間	場所
リズミカルな呼吸			
ポジティブなイメージ			
数字の逆唱			

	日付	時間	場所
リズミカルな呼吸			
ポジティブなイメージ			
数字の逆唱			

	日付	時間	場所
リズミカルな呼吸			
ポジティブなイメージ			
数字の逆唱			

From Denis G. Sukhodolsky and Lawrence Scahill. Copyright 2012 by The Guilford Press.
本ワークシートの複写は，個人使用目的限定とし，本書籍の購入者にその権利が付与されるものとする。

ワークシート 10

怒りのマネジメント日記 2

今週，何かがあなたを怒らせた時，あなたが怒りのマネジメントスキルを使ってうまくいった状況を，何か 1 つ思い出しましょう。

その状況を書きましょう。 _____
_____
_____

あなたはどの程度怒っていましたか？ _____
_____
_____

トラブルに巻き込まれるのを避けるために，どのリマインダーを使いましたか？ _____
_____
_____

あなたはどう言いましたか？ _____
_____
_____

その後何が起きましたか？ _____
_____
_____

あなたがこの状況でできたかもしれないことは，何かありましたか？ _____
_____
_____

日付_____　時間_____　場所_____

From Denis G. Sukhodolsky and Lawrence Scahill. Copyright 2012 by The Guilford Press.
本ワークシートの複写は，個人使用目的限定とし，本書籍の購入者にその権利が付与されるものとする。

ワークシート 11

あなたは体の中のどこで怒りを感じますか？

From Denis G. Sukhodolsky and Lawrence Scahill. Copyright 2012 by The Guilford Press.
本ワークシートの複写は，個人使用目的限定とし，本書籍の購入者にその権利が付与されるものとする。

ワークシート 12

たくさんの怒った顔

人は怒っている時，どのように見えるでしょうか？

_____
_____
_____
_____
_____
_____
_____

あなたが怒っている時，どのように見えるでしょうか？

_____
_____
_____
_____
_____
_____
_____

From Denis G. Sukhodolsky and Lawrence Scahill. Copyright 2012 by The Guilford Press.
本ワークシートの複写は，個人使用目的限定とし，本書籍の購入者にその権利が付与されるものとする。

ワークシート 13

怒りを描きましょう

あなたが怒りについて考えている時，心に浮かぶイメージを枠の中に何でも書いてみましょう。

From Denis G. Sukhodolsky and Lawrence Scahill. Copyright 2012 by The Guilford Press.
本ワークシートの複写は，個人使用目的限定とし，本書籍の購入者にその権利が付与されるものとする。

ワークシート 14

漸進的筋弛緩

5秒間筋肉を緊張させて，次に15秒間弛緩させましょう。
このエクササイズをしている間，ゆっくりリラックスした呼吸をするように集中しましょう。

1. 両手のこぶしを握りしめます ──────────────→ 両手と両前腕
2. 両肘を曲げます ────────────────────→ 両二頭筋
3. 眉を寄せて歯を食いしばります ─────────────→ 顔面と顎
4. 頭を後ろにそらせて下げます ──────────────→ 首
5. 両肩甲骨を一緒に押します ───────────────→ 肩と背中
6. 上腹部の筋肉を緊張させます ──────────────→ 腹部領域
7. 両脚を上げて，曲げます ────────────────→ 太もも
8. 足を上げ続け，曲げて，つま先を降ろします ───────→ 太もも，脚，つま先

From Denis G. Sukhodolsky and Lawrence Scahill. Copyright 2012 by The Guilford Press.
本ワークシートの複写は，個人使用目的限定とし，本書籍の購入者にその権利が付与されるものとする。

ワークシート 15

怒りのマネジメント日記 3

今週，あなたの怒りに対して，怒りのマネジメント・スキルを使って対処できた時の状況を書きましょう。

その状況を書きましょう。 _____
_____
_____

その状況を防ごうとしましたか？ _____
_____
_____

怒りの強さをモニタリングしましたか？ _____
_____
_____

怒りを鎮めるためにどうしましたか？ _____
_____
_____

リラクゼーションの技法を使いましたか？ _____
_____
_____

その状況はどうやって終わりましたか？ _____
_____
_____

あなたが違うふうに行動できたことは何かありましたか？ _____
_____
_____

日付_____ 時間_____ 場所_____

From Denis G. Sukhodolsky and Lawrence Scahill. Copyright 2012 by The Guilford Press.
本ワークシートの複写は，個人使用目的限定とし，本書籍の購入者にその権利が付与されるものとする。

> ワークシート 16

リラクゼーションの練習日記 2

最低，一日一度は，各リラクゼーションを試してみましょう。これらの技法を使う機会があった時には，日付，時間，場所を書き込みましょう。

	日付	時間	場所
リズミカルな呼吸			
ポジティブなイメージ			
数字の逆唱			
筋弛緩			

	日付	時間	場所
リズミカルな呼吸			
ポジティブなイメージ			
数字の逆唱			
筋弛緩			

	日付	時間	場所
リズミカルな呼吸			
ポジティブなイメージ			
数字の逆唱			
筋弛緩			

	日付	時間	場所
リズミカルな呼吸			
ポジティブなイメージ			
数字の逆唱			
筋弛緩			

From Denis G. Sukhodolsky and Lawrence Scahill. Copyright 2012 by The Guilford Press.
本ワークシートの複写は，個人使用目的限定とし，本書籍の購入者にその権利が付与されるものとする。

ワークシート 17

気持ちがしずまる考え

あなたを本当に怒らせるもののリストを作りましょう。それから，「気持ちがしずまる考え」を書き込みましょう。「気持ちがしずまる考え」は，あなたの頭の中で，あなた自身を怒りから遠ざけることができます。

誰かがあることをすると，それは私を怒らせます。それは，以下のようなことです：

_____

_____

私は，以下のように考えて気持ちをしずめることができます。それは，

_____

_____

誰かがあることをすると，それは私を怒らせます。それは，以下のようなことです：

_____

_____

私は，以下のように考えて気持ちをしずめることができます。それは，

_____

_____

誰かがあることをすると，それは私を怒らせます。それは，以下のようなことです：

_____

_____

私は，以下のように考えて気持ちをしずめることができます。それは，

_____

_____

From Denis G. Sukhodolsky and Lawrence Scahill. Copyright 2012 by The Guilford Press.
本ワークシートの複写は，個人使用目的限定とし，本書籍の購入者にその権利が付与されるものとする。

ワークシート 18

目の見えない人と大きなもの

目の見えない人たちが集まって歩いていたら，大きなものにぶつかりました。それが何か，みんなで見つけ出そうとしました。それぞれが，その大きなものに手を置き，他の人に，自分がどのように感じるのかを話しました。彼らがどう感じたのか，ここにそのリストがあります。しかし，誰も正しく言い当てることはありませんでした。

木。木でないものを木であるかもしれないと感じさせるものは何でしょう？ _____
_____

ロープ。ロープでないものをロープであるかもしれないと感じさせるものは何でしょう？ _____
_____

角。角でないものを角であるかもしれないと感じさせるものは何でしょう？ _____
_____

壁。壁でないものを壁であるかもしれないと感じさせるものは何でしょう？ _____
_____

蛇。蛇でないものを蛇であるかもしれないと感じさせるものは何でしょう？ _____
_____

扇風機。扇風機でないものを扇風機であるかもしれないと感じさせるものは何でしょう？ _____
_____

さて，「大きなもの」とは一体何でしょう？ _____
_____

From Denis G. Sukhodolsky and Lawrence Scahill. Copyright 2012 by The Guilford Press.
本ワークシートの複写は，個人使用目的限定とし，本書籍の購入者にその権利が付与されるものとする。

ワークシート 19

怒りのマネジメント日記 4

今週，あなたが怒った時に，怒りのマネジメント・スキルを使ってうまく対処できた状況を 1 つ思い出してみましょう。

何が起きましたか？ _____
_____

そこには誰が関係していますか？ _____
_____

その問題はあなたにとってどんなことでしたか？ _____
_____

その問題は他の人にとってはどんなことでしたか？ _____
_____

他の人は，なぜそのようにしたのですか？ _____
_____

その人がそうした何か他の理由はありそうですか？ _____
_____
_____

この状況でのあなたの目標は何ですか？ _____
_____

他の人の目標は何ですか？ _____
_____

日付 _____ 時間 _____ 場所 _____

From Denis G. Sukhodolsky and Lawrence Scahill. Copyright 2012 by The Guilford Press.
本ワークシートの複写は，個人使用目的限定とし，本書籍の購入者にその権利が付与されるものとする。

ワークシート 20

問題の同定，選択，結果

Ⅰ．問題の同定

1. 何が問題でしたか？ _____

2. あなたは何をしたのですか？ _____

3. 他の人々は何をしたのですか？ _____

Ⅱ．選択   Ⅲ．結果（それぞれに対して）

A. その状況であなたは何ができたでしょうか？

1. 私は _____ ができました   1. 私は _____ ができました

2. 私は _____ ができました   2. 私は _____ ができました

3. 私は _____ ができました   3. 私は _____ ができました

B. この問題には，どれが最良の選択（解決法）でしょうか？ _____

_____

_____

_____

From Denis G. Sukhodolsky and Lawrence Scahill. Copyright 2012 by The Guilford Press.
本ワークシートの複写は，個人使用目的限定とし，本書籍の購入者にその権利が付与されるものとする。

ワークシート 21

問題解決の前の怒りのマネジメント

私は自分が怒っているとどうやって知ったのでしょう？

状況はどうだったのでしょう？ _____

私の身体に怒りのサインはあったのでしょうか？ _____

私の頭には，どんな言葉が浮かんだのでしょうか？ _____

私は自分の怒りをマネジメントしてクールダウンするのに何をしたでしょう？

呼吸，リラクゼーションは？ _____

気持ちをしずめるセルフトークは？ _____

気を紛らすことは？ _____

私は問題解決スキルを使ったのでしょうか？

私の選択肢は何だったのでしょうか？ _____

_____

_____

結果はどうだったのでしょうか？ _____

_____

_____

解決法は何だったのでしょうか？ _____

_____

_____

From Denis G. Sukhodolsky and Lawrence Scahill. Copyright 2012 by The Guilford Press.
本ワークシートの複写は，個人使用目的限定とし，本書籍の購入者にその権利が付与されるものとする。

ワークシート 22

怒りを丁寧に表現する言葉

怒りを丁寧に表現することは可能なことでしょうか？　あなたは以下のようなフレーズを用いることができます：

　止まらないでください

　それをしないでください

　私は怒っています。なぜなら……

　静かにしてください

　私を 1 人にしてください

　やめてください

あなたは，もっとアイディアを考えることができますか？

_____	_____	_____
_____	_____	_____
_____	_____	_____
_____	_____	_____
_____	_____	_____
_____	_____	_____
_____	_____	_____

From Denis G. Sukhodolsky and Lawrence Scahill. Copyright 2012 by The Guilford Press.
本ワークシートの複写は，個人使用目的限定とし，本書籍の購入者にその権利が付与されるものとする。

ワークシート23

怒りのマネジメント日記5

今週，あなたが怒った時に，怒りのマネジメント・スキルをうまく用いて対処した状況を1つ思い出してください。

それを見た時，何が問題だったのでしょうか？ _____

その状況でのあなたの目標は何でしょうか？ _____

その状況での他の人の目標は何でしょうか？ _____

この状況であなたにはどんな選択肢がありましたか？ _____

代わりの解決法

A. 私は _____ ができました

B. 私は _____ ができました

C. 私は _____ ができました

これらの代わりの選択をしたら，各々の結果はどうだったのでしょうか？

A. _____

B. _____

C. _____

最良の解決法は何だったのでしょうか？ それはなぜでしょうか？ _____
_____

あなたは実際には何をしたのでしょうか？（あなたはどんな選択をしたのでしょうか？）_____
_____

あなたがその選択をした後，何が起きましたか？ _____
_____
_____

日付_____ 時間_____ 場所_____

From Denis G. Sukhodolsky and Lawrence Scahill. Copyright 2012 by The Guilford Press.
本ワークシートの複写は，個人使用目的限定とし，本書籍の購入者にその権利が付与されるものとする。

ワークシート 24

釣り用ボート

　あなたは海岸から数マイル離れた場所で，釣り用ボートに乗っていましたが，悪天候のために，エンジントラブルに見舞われてしまいました。船長があなたに，天候が荒れているからボートが沈まないようにもっと軽くする必要があると言いました。あなたは乗組員のメンバーとして，どの物品を手元に残して，どの物品を船外に投げ捨てるかを決めなければなりません。あなたは，たった3つの物品しか残すことができません。

物品のリスト	あなたはどうしますか？	
マッチ	残す	投げ捨てる
ラジオ	残す	投げ捨てる
コンパス	残す	投げ捨てる
航海地図	残す	投げ捨てる
10ガロンの水	残す	投げ捨てる
信号旗	残す	投げ捨てる
救命ゴムボート	残す	投げ捨てる
懐中電灯	残す	投げ捨てる
救命胴衣	残す	投げ捨てる

From Denis G. Sukhodolsky and Lawrence Scahill. Copyright 2012 by The Guilford Press.
本ワークシートの複写は，個人使用目的限定とし，本書籍の購入者にその権利が付与されるものとする。

ワークシート 25

行動契約

これは _____ と，彼／彼女の（両）親 _____ との以下に関する契約です

1. _____
   _____

2. _____
   _____

_____ は，以下のことをすることに同意します。

1. _____
   _____

2. _____
   _____

代わりに，_____ の（両）親は，以下のことに同意します。

1. _____
   _____

2. _____
   _____

すべてのメンバーは，この同意書を読み，話し合いました。例外はすべて，メンバー全員の相互の同意によらなければなりません。もし契約についての議論が起これば，将来協議される可能性はあります。

署名 _____   _____

日付 _____   _____

From Denis G. Sukhodolsky and Lawrence Scahill. Copyright 2012 by The Guilford Press.
本ワークシートの複写は，個人使用目的限定とし，本書籍の購入者にその権利が付与されるものとする。

ワークシート 26

怒りのマネジメント日記 6

今週，あなたが怒った時に，怒りのマネジメント・スキルをうまく用いて対処した状況を 1 つ思い出しましょう。

何が問題だったのでしょうか？ _____
_____

その結果についてどう思いましたか？ _____

この状況で他に何かできたかもしれないことはありましたか？

(1) 私は _____ ができたかもしれません。

(2) 私は _____ ができたかもしれません。

(3) 私は _____ ができたかもしれません。

これらの選択をしたら，結果はどうなっていたのでしょう？

(1) _____

(2) _____

(3) _____

最良の選択は何だったのでしょう？ _____
_____

あなたは実際には，何をしたのでしょう？ _____
_____

日付_____　時間_____　場所_____

From Denis G. Sukhodolsky and Lawrence Scahill. Copyright 2012 by The Guilford Press.
本ワークシートの複写は，個人使用目的限定とし，本書籍の購入者にその権利が付与されるものとする。

ワークシート 27

ロールプレイの練習

> あなたが中学校の先生，スミス先生だと想像しましょう。
>
> あなたの生徒（セラピスト）が授業中集中していません。
>
> あなたは，「僕は何回君に集中するよう話しただろう？」と言います。
>
> あなたのセラピストが何というか，注意深く聴きましょう。
>
> その先生が答えたことについてあなたはどう考えますか？
>
> 彼の反応をロールプレイしましょう。
>
> 創造的になることを恐れないでください：身振り手振りや声の調子についても考えてください。言葉だけではありません。

ワークシート28
行動の3通りの方法

消極的

何か悪いことが起きなければ何もしない（無視する）。

あなたはこの行動の方法についてどう考えますか？

_____
_____
_____
_____

積極的

何かが起きたら，戦うか大声でわめき返す（トラブルに巻き込まれる）。

あなたはこの行動の方法についてどう考えますか？

_____
_____
_____
_____

アサーティブ

徹底的に話し合って解決したり，議論したりする（目標を達成する）。

あなたはこの行動の方法についてどう考えますか？

_____
_____
_____
_____

From Denis G. Sukhodolsky and Lawrence Scahill. Copyright 2012 by The Guilford Press.
本ワークシートの複写は，個人使用目的限定とし，本書籍の購入者にその権利が付与されるものとする。

ワークシート 29

怒りのマネジメント日記 7a
(からかいに対するアサーティブな反応)

誰があなたをからかったのですか? _____

この人は何を言ったのですか? _____

あなたはどう言って返したのですか? _____

あなたはそれを静かな声で言いましたか?　　_____ はい　　_____ いいえ

あなたは何か脅迫的なジェスチャーをしましたか?　　_____ はい　　_____ いいえ

あなたはパーソナルスペースを十分とりましたか?　　_____ はい　　_____ いいえ

結局, 何が起こったのですか? _____
_____
_____

あなたがこの状況で, もっと違うようにできたかもしれないことが何かありますか? _____
_____
_____

日付 _____　　時間 _____　　場所 _____

From Denis G. Sukhodolsky and Lawrence Scahill. Copyright 2012 by The Guilford Press.
本ワークシートの複写は, 個人使用目的限定とし, 本書籍の購入者にその権利が付与されるものとする。

ワークシート 30

怒りのマネジメント日記 7b
(からかいを無視する)

誰があなたをからかったのですか？ _____

この人は何を言ったのですか？ _____
_____
_____

あなたはどう言って返したのですか？ _____
_____
_____

あなたはそのからかいを無視することができましたか？　　_____ はい　　_____ いいえ

結局，何が起こったのですか？ _____
_____
_____

あなたがこの状況で，違うようにできたかもしれないことが何かありますか？ _____
_____
_____

日付 _____　時間 _____　場所 _____

From Denis G. Sukhodolsky and Lawrence Scahill. Copyright 2012 by The Guilford Press.
本ワークシートの複写は，個人使用目的限定とし，本書籍の購入者にその権利が付与されるものとする。

ワークシート 31

権利章典

僕に説明
させて

ワークシート 32

積極的に話を聴くための3ステップ

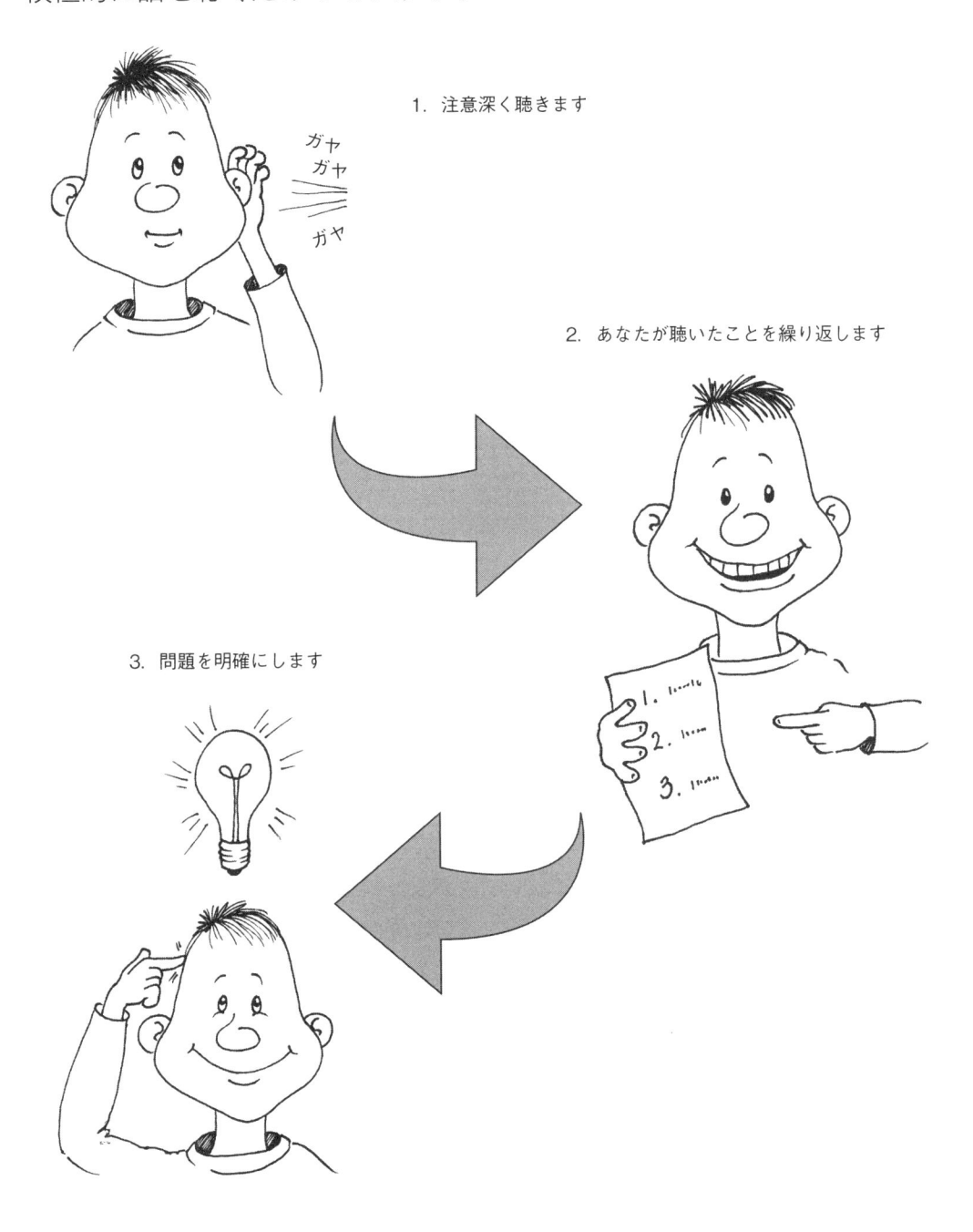

1. 注意深く聴きます

2. あなたが聴いたことを繰り返します

3. 問題を明確にします

From Denis G. Sukhodolsky and Lawrence Scahill. Copyright 2012 by The Guilford Press.
本ワークシートの複写は，個人使用目的限定とし，本書籍の購入者にその権利が付与されるものとする。

ワークシート 33

怒りのマネジメント日記 8a
（アサーション・トレーニング）

葛藤を書き出しましょう。_____
_____
_____

あなたは何を言ったのですか？ _____
_____
_____

あなたはそれを静かな声で言いましたか？　_____ はい　　_____ いいえ

あなたは，中立的な表情でしたか？　_____ はい　　_____ いいえ

結局，何が起きたのですか？ _____
_____
_____

あなたがこの状況で，違うようににできたかもしれないことが何かありますか？ _____
_____
_____

日付_____　時間_____　場所_____

From Denis G. Sukhodolsky and Lawrence Scahill. Copyright 2012 by The Guilford Press.
本ワークシートの複写は，個人使用目的限定とし，本書籍の購入者にその権利が付与されるものとする。

ワークシート 34

怒りのマネジメント日記 8b
（責められた時の対処）

葛藤を書き出しましょう _____
_____
_____

あなたは責められるようなことをしましたか？ _____
_____
_____

あなたは最初，耳を傾けましたか？　　_____ はい　　_____ いいえ

あなたはどうやってその状況を明確にしましたか？ _____
_____
_____

結局何を話したのですか？ _____
_____
_____

それを静かな声で言いましたか？　_____ はい　　_____ いいえ

何かジェスチャーを使いましたか？　_____ はい　　_____ いいえ

もし「はい」なら，どんなジェスチャーを使ったのですか？ _____
_____

結局何が起きたのですか？ _____
_____

この状況で，違うようにできたかもしれないことが何かありますか？ _____
_____
_____

日付_____　時間_____　場所_____

From Denis G. Sukhodolsky and Lawrence Scahill. Copyright 2012 by The Guilford Press.
本ワークシートの複写は，個人使用目的限定とし，本書籍の購入者にその権利が付与されるものとする。

ワークシート35
家庭での問題解決

家庭でよく起こる葛藤を感じる状況を書き出しましょう。

___

これがあなたにとってなぜ問題なのでしょう？

___

これがあなたの親にとってなぜ問題なのでしょう？

___

この問題を解決するためにあなたにできる最良のことは何でしょう？

___

あなたはこの解決法について，親とどうやってコミュニケーションをとることができるのでしょう？

___

この解決法を実行する時に，どの怒りのマネジメントスキルを使うことができるでしょう？

___

From Denis G. Sukhodolsky and Lawrence Scahill. Copyright 2012 by The Guilford Press.
本ワークシートの複写は，個人使用目的限定とし，本書籍の購入者にその権利が付与されるものとする。

ワークシート 36

コミュニケーションの癖

悪い	良い
侮辱する	問題を述べる
話に割り込む	交代で話す
批判する	長所と短所を記す
防御する	静かに意義を唱える
説教する	短く率直に伝える
よそ見する	アイコンタクトをとる
前かがみ	姿勢を正す
皮肉を言う	普通の調子で話す
黙り込む	自分が感じたことを言う
否定する	責任を持って受け入れる
支配する，命令する	上手にお願いする
大声で叫ぶ	普通の声の調子で言う
悪態をつく	礼儀正しいことばを用いる
かんしゃくを起こす	気をしずめ10まで数える

良いコミュニケーションの一般原則

1. 他の人が話したい雰囲気の時には聴きます。
2. 積極的な話の聞き方を用います。
3. あなたの話を聴いてくれている人を傷つけることなく，あなたがどう感じているかを正直に表現します。

From Denis G. Sukhodolsky and Lawrence Scahill. Copyright 2012 by The Guilford Press.
本ワークシートの複写は，個人使用目的限定とし，本書籍の購入者にその権利が付与されるものとする。

ワークシート 37

怒りのマネジメント日記 9
（大人との問題解決に向けたアサーション・スキル）

状況を書き出しましょう。＿＿＿＿＿＿＿＿＿＿＿＿＿＿＿＿＿＿＿＿＿＿＿＿＿＿＿＿
＿＿
＿＿
＿＿

あなたは何と言ったのですか？＿＿＿＿＿＿＿＿＿＿＿＿＿＿＿＿＿＿＿＿＿＿＿＿＿
＿＿
＿＿
＿＿

静かな声で言いましたか？	＿＿＿＿はい	＿＿＿＿いいえ
アイコンタクトをとりましたか？	＿＿＿＿はい	＿＿＿＿いいえ
注意深く聴きましたか？	＿＿＿＿はい	＿＿＿＿いいえ
あなたは謝るべきでしたか？	＿＿＿＿はい	＿＿＿＿いいえ
解決を申し出ましたか？	＿＿＿＿はい	＿＿＿＿いいえ

その状況はどんなふうに終わったのですか？＿＿＿＿＿＿＿＿＿＿＿＿＿＿＿＿＿＿＿
＿＿
＿＿
＿＿

日付＿＿＿＿＿＿＿＿＿＿＿　　時間＿＿＿＿＿＿＿＿＿＿＿　　場所＿＿＿＿＿＿＿＿＿＿＿

From Denis G. Sukhodolsky and Lawrence Scahill. Copyright 2012 by The Guilford Press.
本ワークシートの複写は，個人使用目的限定とし，本書籍の購入者にその権利が付与されるものとする。

ワークシート 38

卒業証書

優 秀 賞

あなたは

にわける怒りのマネジメントプログラムを、みごとに終えることができましたのでこれを証します。

日付 _____   署名 _____

From Denis G. Sukhodolsky and Lawrence Scahill. Copyright 2012 by The Guilford Press. 本ワークシートの複写は、個人使用目的限定とし、本書籍の購入者にその権利が付与されるものとする。

付録2

破壊的行動評価尺度（DBRS）

お子さんの名前 ＿＿＿＿＿＿＿＿＿＿＿＿＿＿＿＿＿＿＿＿＿　日付 ＿＿＿＿＿＿＿＿＿

あなたのお名前 ＿＿＿＿＿＿＿＿＿＿＿＿＿＿＿＿＿＿＿＿＿＿＿＿＿＿＿＿＿＿＿

お子さんとの関係 ＿＿＿＿＿＿＿＿＿＿＿＿＿＿＿＿＿＿＿＿＿＿＿＿＿＿＿＿＿

この1週間の，お子さんの行動について，それぞれの項目で最もあてはまる番号を丸で囲んでください。

	決して，もしくはほとんどない（週に1回以下）	時々（週に2〜3回）	しばしば（ほとんど毎日）	非常にしばしば（毎日1回以上）
1. かんしゃくを起こす	0	1	2	3
2. 大人と言い争う	0	1	2	3
3. 大人の要求や規則に従う	0	1	2	3
4. 他人を故意に悩ませる	0	1	2	3
5. 他人の過ちや，間違った行動を責める	0	1	2	3
6. 他人が厄介に思ったり，悩まされたりした	0	1	2	3
7. 怒ったり，憤慨する	0	1	2	3
8. 悪意があったり，懲罰的である	0	1	2	3

合計得点 ☐

これらの項目には，最近の様子が反映されてますか？　　はい　　いいえ

Adapted from Russel A. Barkley (1997, p.175) in Denis G. Sukhodosky and Lawrece Scahill (2012). Copyright by The Guilford Press.
本ワークシートの複写は，個人使用目的限定とし，本書籍の購入者にその権利が付与されるものとする。

付録3
家庭での状況についての質問票（HSQ）

お子さんの名前 _____ 日付 _____

あなたのお名前 _____

お子さんとの関係 _____

お子さんは，以下に挙げる状況で指示や命令，規則などに従うことに問題がありますか？もしあれば，「はい」を○で囲み，その問題はあなたにとってどの程度なのか，右隣の欄のあてはまる番号を○で囲んでください。もしお子さんがその状況では問題がない場合，「いいえ」を○で囲み，質問票の次の項目に進んでください。問題はあるが，このリストにはない場合，リストの最後の空欄にその状況を書きこみ，重症度を評価してください。

左欄で「はい」とお答えになった場合，
その重症度はどの程度でしょうか？

状況	はい／いいえ	軽度								重度
1. 1人で遊んでいる時間	はい いいえ	1	2	3	4	5	6	7	8	9
2. 他の子どもたちと遊んでいる時間	はい いいえ	1	2	3	4	5	6	7	8	9
3. 食事の時間	はい いいえ	1	2	3	4	5	6	7	8	9
4. 服を着る時間	はい いいえ	1	2	3	4	5	6	7	8	9
5. 体を洗い，入浴している時間	はい いいえ	1	2	3	4	5	6	7	8	9
6. あなたが電話している時間	はい いいえ	1	2	3	4	5	6	7	8	9
7. テレビを見ている時間	はい いいえ	1	2	3	4	5	6	7	8	9
8. 家に訪問者が現れた時	はい いいえ	1	2	3	4	5	6	7	8	9
9. あなたが誰かの家を訪問している時	はい いいえ	1	2	3	4	5	6	7	8	9
10. 公の場所（レストラン，お店）	はい いいえ	1	2	3	4	5	6	7	8	9
11. 父親が家にいる時	はい いいえ	1	2	3	4	5	6	7	8	9
12. 家事をするよう頼まれた時	はい いいえ	1	2	3	4	5	6	7	8	9
13. 宿題をするよう言われた時	はい いいえ	1	2	3	4	5	6	7	8	9

Adapted from Russel A. Barkley (1997, p.175) in Denis G. Sukhodosky and Lawrece Scahill (2012). Copyright by The Guilford Press.
本ワークシートの複写は，個人使用目的限定とし，本書籍の購入者にその権利が付与されるものとする。

付録 3
家庭での状況についての質問票（HSQ）（つづき）

左欄で「はい」とお答えになった場合，
その重症度はどの程度でしょうか？

状況	はい／いいえ	軽度 重度
14. 就寝時	はい　いいえ	1　2　3　4　5　6　7　8　9
15. 車の中	はい　いいえ	1　2　3　4　5　6　7　8　9
16. ベビーシッターといる時	はい　いいえ	1　2　3　4　5　6　7　8　9
17. 朝起きた時	はい　いいえ	1　2　3　4　5　6　7　8　9
18. 部屋の片づけをしている時	はい　いいえ	1　2　3　4　5　6　7　8　9
19. 時間通りに学校にいく時	はい　いいえ	1　2　3　4　5　6　7　8　9
20. 時間通りに帰宅する時	はい　いいえ	1　2　3　4　5　6　7　8　9
21.	はい　いいえ	1　2　3　4　5　6　7　8　9
22.	はい　いいえ	1　2　3　4　5　6　7　8　9
23.	はい　いいえ	1　2　3　4　5　6　7　8　9
24.	はい　いいえ	1　2　3　4　5　6　7　8　9
25.	はい　いいえ	1　2　3　4　5　6　7　8　9

問題状況の数 ＿＿＿＿＿＿＿＿＿＿　　　平均重症度 ＿＿＿＿＿＿＿＿＿＿

Adapted from Russel A. Barkley (1997, p.175) in Denis G. Sukhodosky and Lawrece Scahill (2012). Copyright by The Guilford Press.
本ワークシートの複写は，個人使用目的限定とし，本書籍の購入者にその権利が付与されるものとする。

付録4
怒りのマネジメント・スキルのチェックリスト

怒りの頻度と強さの大まかな変化

怒りのエピソードの変化	ずっと減った	減った	同じ	増えた
怒りの引き金の数	ずっと減った	減った	同じ	増えた
怒りの表出の強さ	ずっと減った	減った	同じ	増えた

怒りのマネジメントのスキル

挑発を無視する	常にある	時々ある	決してない
フラストレーションのある状況から気をそらす	常にある	時々ある	決してない
競争的で，喜びを感じる活動を行う	常にある	時々ある	決してない
怒りの覚醒のセルフモニタリングを行う	常にある	時々ある	決してない
「立ち止まって考える」技法	常にある	時々ある	決してない
気持ちを静めるためにリマインダーを使う	常にある	時々ある	決してない
深呼吸	常にある	時々ある	決してない
数字の逆唱	常にある	時々ある	決してない
ポジティブなイメージ	常にある	時々ある	決してない
筋弛緩	常にある	時々ある	決してない

問題解決スキル

なぜ問題があるのかを考える	常にある	時々ある	決してない
行動の結果について考える	常にある	時々ある	決してない
他の人の動機について考える	常にある	時々ある	決してない
複数の解決策を創る	常にある	時々ある	決してない
結果の異なるタイプを評価する	常にある	時々ある	決してない
あいまいな原因を分析する	常にある	時々ある	決してない
敵意帰属バイアスを減らす	常にある	時々ある	決してない
挑発的な怒りの言葉を避ける	常にある	時々ある	決してない
攻撃性を支持する信念について討論する	常にある	時々ある	決してない
自分自身の認知の歪みをつかまえる	常にある	時々ある	決してない

From Denis G. Sukhodosky and Lawrece Scahill. Copyright 2012 by The Guilford Press.
本ワークシートの複写は，個人使用目的限定とし，本書籍の購入者にその権利が付与されるものとする。

付録4
怒りのマネジメント・スキルのチェックリスト（つづき）

アサーティブなスキルとソーシャルスキル

仲間のからかいを無視する	常にある	時々ある	決してない
言葉によるアサーションがエスカレートする	常にある	時々ある	決してない
「僕は」「私は」で始まる文を使う	常にある	時々ある	決してない
静かな声で話す	常にある	時々ある	決してない
非言語的な表出をコントロールする	常にある	時々ある	決してない
怒りの表情を調節する	常にある	時々ある	決してない
アイコンタクトをとる	常にある	時々ある	決してない
積極的に話を聴く	常にある	時々ある	決してない
必要な時には謝る	常にある	時々ある	決してない
自分の側から見た話を説明する	常にある	時々ある	決してない

From Denis G. Sukhodosky and Lawrece Scahill. Copyright 2012 by The Guilford Press.
本ワークシートの複写は，個人使用目的限定とし，本書籍の購入者にその権利が付与されるものとする。

付録 5
治療の厳密性のチェックリスト

一般的指示

　各認知行動療法のセッションは，そのセッションの目標に応じた，6〜8つの部分から構成される。「治療の厳密性のチェックリスト」は，各セッションの目標の達成度について評価する。各々に目標を持った活動のうちのいくつかは，繰り返し施行され，セラピストは，自分の臨床判断で，その子どもに合った活動を選ぶことができる。これらの決定は，子どもの年齢，動機，標的症状に基づかねばならない。目標の到達度は以下の基準に則り，0〜2点で評価される：

0＝子どもが，その目標に沿った活動を行うことを拒否した，もしくは，この目標に向けたすべての活動は，子どもにとって適切でない，また子どもとは関係のないものと考えられ，セラピストにより施行されることがなかった。
1＝子どもは，その目標の説明を受けたが，話し合いや，ロールプレイ，もしくはワークシートへの取り組みなどのそれに応じる活動をすることはなかった。
2＝目標は達成され，治療的手続きは子どもの年齢，動機，標的症状に応じて活用されていた。

　慣例により，治療の厳密性は，80％以上で適切にマニュアルに順守していることを反映しているとみなされる。

セッション中の子どもの行動

　セラピストは，子どものセッション中の活動における協力の度合いも評価することもできる。それは，セッションを妨げるかもしれない行動，注意，感情の問題の範囲にとどまらない。

0＝この領域では徴候はなかった。
1＝軽微な兆候はあるが，それらがセッションの妨げることはなかった。
2＝兆候があり，それらはセッションの活動を妨げた。

1. コンプライアンスの低下（低い動機付け，拒否的） ……… 0 ……… 1 ……… 2
2. 過活動的行動（そわそわする，椅子から降りる） ……… 0 ……… 1 ……… 2
3. 不注意（集中したり，注意を維持することが難しい） ……… 0 ……… 1 ……… 2
4. 気分（イライラ感，不安，抑うつ） ……… 0 ……… 1 ……… 2

From Denis G. Sukhodosky and Lawrece Scahill. Copyright 2012 by The Guilford Press.
本ワークシートの複写は，個人使用目的限定とし，本書籍の購入者にその権利が付与されるものとする。

治療の厳密性のチェックリスト［セッション1］

名前もしくはID _____ 日付 _____ / _____ / _____

1. 治療を行う理由を説明する	1	2	3
2. 治療目標をたてる	1	2	3
3. 怒りと怒りのエピソードを定義する	1	2	3
4. 子どもの怒りがわきおこる典型的な状況について話し合う	1	2	3
5. 最近起こりがちな怒りのエピソードを挙げ，頻度，強度，持続時間について話し合う	1	2	3
6. 典型的な対処法について話し合い，気持ちをそらしたり，短時間でできるリラクゼーションを紹介する	1	2	3
7. セッションをまとめ，ホームワークを出す	1	2	3

平均 _____

セッションの最中の子どもの行動

1. コンプライアンスの低下（低い動機付け，拒否的）	1	2	3
2. 過活動的行動（そわそわする，椅子から降りる）	1	2	3
3. 不注意（集中したり，注意を維持することが難しい）	1	2	3
4. 気分（イライラ感，不安，抑うつ）	1	2	3

平均 _____

From Denis G. Sukhodosky and Lawrece Scahill. Copyright 2012 by The Guilford Press.
本ワークシートの複写は，個人使用目的限定とし，本書籍の購入者にその権利が付与されるものとする。

治療の厳密性のチェックリスト［セッション2］

名前もしくはID _____ 日付 _____/_____/_____

1. ホームワークを提出してもらい，前回のセッションの教材を振り返る	1	2	3
2. 怒りの強さや「気持ち温度計」技法について話し合う	1	2	3
3. 「立ち止まって考える」技法を紹介する	1	2	3
4. 言葉で思い出すことを話し合い，練習する	1	2	3
5. 怒りの気持ちを言葉でラベル付けすることについて話し合う	1	2	3
6. リラクゼーション・トレーニングを続ける	1	2	3
7. セッションをまとめ，ホームワークを出す	1	2	3

平均 _____

セッションの最中の子どもの行動

1. コンプライアンスの低下（低い動機付け，拒否的）	1	2	3
2. 過活動的行動（そわそわする，椅子から降りる）	1	2	3
3. 不注意（集中したり，注意を維持することが難しい）	1	2	3
4. 気分（イライラ感，不安，抑うつ）	1	2	3

平均 _____

From Denis G. Sukhodosky and Lawrece Scahill. Copyright 2012 by The Guilford Press.
本ワークシートの複写は，個人使用目的限定とし，本書籍の購入者にその権利が付与されるものとする。

治療の厳密性のチェックリスト［セッション3］

名前もしくはID _____ 日付 _____／_____／_____

1. ホームワークを提出してもらい，前回のセッションの教材を振り返る	1	2	3
2. その日までの進歩を振り返る	1	2	3
3. 怒りがわきおこる状況をあらかじめ防ぐ方法について話し合う	1	2	3
4. 怒りの合図のモニタリングについて話し合う	1	2	3
5. リラクゼーション・トレーニングを続ける：漸進的筋弛緩	1	2	3
6. セッションをまとめ，ホームワークを出す	1	2	3

平均 _____

セッションの最中の子どもの行動

1. コンプライアンスの低下（低い動機付け，拒否的）	1	2	3
2. 過活動的行動（そわそわする，椅子から降りる）	1	2	3
3. 不注意（集中したり，注意を維持することが難しい）	1	2	3
4. 気分（イライラ感，不安，抑うつ）	1	2	3

平均 _____

From Denis G. Sukhodosky and Lawrece Scahill. Copyright 2012 by The Guilford Press.
本ワークシートの複写は，個人使用目的限定とし，本書籍の購入者にその権利が付与されるものとする。

治療の厳密性のチェックリスト［セッション4］

名前もしくはID _____　　日付 _____/_____/_____

1. ホームワークを提出してもらい，前回のセッションの教材を振り返る	1	2	3
2. 思考と感情のつながりについて話し合う	1	2	3
3. 問題を同定する方法を紹介する	1	2	3
4. 全体を把握する話し合いをする	1	2	3
5. 敵意帰属バイアスについて話し合う	1	2	3
6. セッションをまとめ，ホームワークを出す	1	2	3

平均 _____

セッションの最中の子どもの行動

1. コンプライアンスの低下（低い動機付け，拒否的）	1	2	3
2. 過活動的行動（そわそわする，椅子から降りる）	1	2	3
3. 不注意（集中したり，注意を維持することが難しい）	1	2	3
4. 気分（イライラ感，不安，抑うつ）	1	2	3

平均 _____

From Denis G. Sukhodosky and Lawrece Scahill. Copyright 2012 by The Guilford Press.
本ワークシートの複写は，個人使用目的限定とし，本書籍の購入者にその権利が付与されるものとする。

治療の厳密性のチェックリスト［セッション5］

名前もしくはID _____　　日付 _____ / _____ / _____

1. ホームワークを提出してもらい，前回のセッションの教材を振り返りる　　1　　2　　3
2. PICCのワークシートを紹介する　　1　　2　　3
3. 問題状況で様々な解決を生み出す練習をする　　1　　2　　3
4. 怒りの問題解決の効果について話し合う　　1　　2　　3
5. 適切な言葉を用いた解決を用いることを強化する　　1　　2　　3
6. セッションをまとめ，ホームワークを出す　　1　　2　　3

　　　　　　　　　　　　　　　　　　　　　　　平均 _____

セッションの最中の子どもの行動

1. コンプライアンスの低下（低い動機付け，拒否的）　　1　　2　　3
2. 過活動的行動（そわそわする，椅子から降りる）　　1　　2　　3
3. 不注意（集中したり，注意を維持することが難しい）　　1　　2　　3
4. 気分（イライラ感，不安，抑うつ）　　1　　2　　3

　　　　　　　　　　　　　　　　　　　　　　　平均 _____

From Denis G. Sukhodosky and Lawrece Scahill. Copyright 2012 by The Guilford Press.
本ワークシートの複写は，個人使用目的限定とし，本書籍の購入者にその権利が付与されるものとする。

治療の厳密性のチェックリスト［セッション6］

名前もしくはID _____　日付 _____ / _____ / _____

1. ホームワークを提出してもらい，前回のセッションの教材を振り返る	1	2	3
2. 結果についての考えを紹介する	1	2	3
3. 他の人々の結果について話し合う	1	2	3
4. 結果について考えることを練習する	1	2	3
5. 問題解決トレーニングへの抵抗を解決する	1	2	3
6. セッションをまとめ，ホームワークを出す	1	2	3

平均 _____

セッションの最中の子どもの行動

1. コンプライアンスの低下（低い動機付け，拒否的）	1	2	3
2. 過活動的行動（そわそわする，椅子から降りる）	1	2	3
3. 不注意（集中したり，注意を維持することが難しい）	1	2	3
4. 気分（イライラ感，不安，抑うつ）	1	2	3

平均 _____

From Denis G. Sukhodosky and Lawrece Scahill. Copyright 2012 by The Guilford Press.
本ワークシートの複写は，個人使用目的限定とし，本書籍の購入者にその権利が付与されるものとする。

治療の厳密性のチェックリスト［セッション7］

名前もしくはID _____   日付 _____ / _____ / _____

1. ホームワークを提出してもらい，前回のセッションの教材を振り返る	1	2	3
2. ソーシャル・スキル・トレーニングを紹介する	1	2	3
3. アサーティブで穏やかな行動について定義し，話し合う	1	2	3
4. 仲間の怒りがわきおこった時のために対処の型を作る	1	2	3
5. アサーティブなスキルを練習する	1	2	3
6. 社会的な相互作用の非言語的な面について話し合う	1	2	3
7. セッションをまとめ，ホームワークを出す	1	2	3

平均 _____

セッションの最中の子どもの行動

1. コンプライアンスの低下（低い動機付け，拒否的）	1	2	3
2. 過活動的行動（そわそわする，椅子から降りる）	1	2	3
3. 不注意（集中したり，注意を維持することが難しい）	1	2	3
4. 気分（イライラ感，不安，抑うつ）	1	2	3

平均 _____

From Denis G. Sukhodosky and Lawrece Scahill. Copyright 2012 by The Guilford Press.
本ワークシートの複写は，個人使用目的限定とし，本書籍の購入者にその権利が付与されるものとする。

治療の厳密性のチェックリスト［セッション8］

名前もしくはID _____ 日付 _____ / _____ / _____

1. ホームワークを提出してもらい，前回のセッションの教材を振り返る	1	2	3
2. 公正さと権利について話し合う	1	2	3
3. 権利が侵害された時のソーシャル・スキルのロールプレイ	1	2	3
4. 積極的傾聴のスキルを練習する	1	2	3
5. 非難を受けた時のコーピングの型を作る	1	2	3
6. セッションをまとめ，ホームワークを出す	1	2	3

平均 _____

セッションの最中の子どもの行動

1. コンプライアンスの低下（低い動機付け，拒否的）	1	2	3
2. 過活動的行動（そわそわする，椅子から降りる）	1	2	3
3. 不注意（集中したり，注意を維持することが難しい）	1	2	3
4. 気分（イライラ感，不安，抑うつ）	1	2	3

平均 _____

From Denis G. Sukhodosky and Lawrece Scahill. Copyright 2012 by The Guilford Press.
本ワークシートの複写は，個人使用目的限定とし，本書籍の購入者にその権利が付与されるものとする。

治療の厳密性のチェックリスト［セッション9］

名前もしくはID _____　　日付 _____ / _____ / _____

1. ホームワークを提出してもらい，前回のセッションの教材を振り返る	1	2	3
2. 大人との葛藤への対処の型を作る	1	2	3
3. 家で葛藤が起こる状況について話し合う	1	2	3
4. コミュニケーションにおける悪い癖をモニタリングする練習をする	1	2	3
5. 葛藤を感じる状況で自分の役割を説明する練習をする	1	2	3
6. セッションをまとめ，ホームワークを出す	1	2	3

平均 _____

セッションの最中の子どもの行動

1. コンプライアンスの低下（低い動機付け，拒否的）	1	2	3
2. 過活動的行動（そわそわする，椅子から降りる）	1	2	3
3. 不注意（集中したり，注意を維持することが難しい）	1	2	3
4. 気分（イライラ感，不安，抑うつ）	1	2	3

平均 _____

From Denis G. Sukhodosky and Lawrece Scahill. Copyright 2012 by The Guilford Press.
本ワークシートの複写は，個人使用目的限定とし，本書籍の購入者にその権利が付与されるものとする。

治療の厳密性のチェックリスト［セッション10］

名前もしくはID _____   日付 _____ / _____ / _____

1. ホームワークを提出してもらい，前回のセッションの教材を振り返る	1	2	3
2. プログラムの効果に対する子どものフィードバックをもらう	1	2	3
3. 付加したプログラムの振り返りを導く	1	2	3
4. 卒業証書を授与する	1	2	3

平均 _____

セッションの最中の子どもの行動

1. コンプライアンスの低下（低い動機付け，拒否的）	1	2	3
2. 過活動的行動（そわそわする，椅子から降りる）	1	2	3
3. 不注意（集中したり，注意を維持することが難しい）	1	2	3
4. 気分（イライラ感，不安，抑うつ）	1	2	3

平均 _____

From Denis G. Sukhodosky and Lawrece Scahill. Copyright 2012 by The Guilford Press.
本ワークシートの複写は，個人使用目的限定とし，本書籍の購入者にその権利が付与されるものとする。

文　献

Achenbach, T. M. (1991). *Manual for the Child Behavior Checklist/4-18 and 1991 profile.* Burlington: University of Vermont Press.

Achenbach, T. M., Conners, C. K., Quay, H. C., Verhulst, F. C., & Howell, C. T. (1989). Replication of empirically derived syndromes as a basis for taxonomy of child/adolescent psychopathology. *Journal of Abnormal Child Psychology, 17*(3), 299-323.

Aman, M. G., McDougle, C. J., Scahill, L., Handen, B., Arnold, L. E., Johnson, C., et al. (2009). Medication and parent training in children with pervasive developmental disorders and serious behavior problems: Results from a randomized clinical trial. *Journal of the American Academy of Child and Adolescent Psychiatry, 48*(12), 1143-1154.

Aman, M. G., Singh, N. N., Stewart, A. W., & Field, C. J. (1985). The Aberrant Behavior Checklist: A behavior rating scale for the assessment of treatment effects. *American Journal of Mental Deficiency, 89*(5), 485-491.

American Psychiatric Association. (2000). *Diagnostic and statistical manual of mental disorders* (4th ed., text rev.). Washington, DC: Author.

Armbruster, P., Sukhodolsky, D., & Michalsen, R. (2004). The impact of managed care on children's outpatient treatment: A comparison study of treatment outcome before and after managed care. *American Journal of Orthopsychiatry, 74*(1), 5-13.

Armenteros, J. L., & Lewis, J. E. (2002). Citalopram treatment for impulsive aggression in children and adolescents: An open pilot study. *Journal of the American Academy of Child and Adolescent Psychiatry, 41*(5), 522-529.

Arnold, L. E., Vitiello, B., McDougle, C., Scahill, L., Shah, B., Gonzalez, N. M., et al. (2003). Parent-defined target symptoms respond to risperidone in RUPP Autism Study: Customer approach to clinical trials. *Journal of the American Academy of Child and Adolescent Psychiatry, 42*(12), 1443-1450.

Ash, P., & Nurcombe, B. (2007). Malpractice and professional liability. In A. Martin & F. Volkmar (Eds.), *Lewis's child and adolescent psychiatry* (pp. 1018-1031). Philadelphia: Lippincott Williams & Wilkins.

Averill, J. R. (1983). Studies on anger and aggression: Implications for theories of emotion. *American Psychologist, 38*(11), 1145-1160.

Bandura, A. (1973). *Aggression: A social learning analysis.* Oxford, UK: Prentice-Hall.

Barkley, R. A. (1997). *Defiant children: A clinician's manual for assessment and parent training* (2nd ed.). New York: Guilford Press.

Barkley, R. A., Edwards, G., Laneri, M., Fletcher, K., & Metevia, L. (2001). The efficacy of problem-solving communication training alone, behavior management training alone, and their combination for parent-adolescent conflict in teenagers with ADHD and ODD. *Journal of Consulting and Clinical Psychology, 69*(6), 926-941.

Barkley, R. A., Edwards, G. H., & Robin, A. L. (1999). *Defiant teens: A clinician's manual for assessment and family intervention.* New York: Guilford Press.

Barratt, E. S., Kent, T. A., Felthous, A., & Stanford, M. S. (1997). Neuropsychological and cognitive psychophysiological substrates of impulsive aggression. *Biological Psychiatry, 41*(10), 1045-1061.

Benson, B. A., & Aman, M. G. (1999). Disruptive behavior disorders in children with mental retardation. In H. C. Quay & A. E. Hogan (Eds.), *Handbook of disruptive behavior disorders* (pp. 559-578). Dordrecht, The Netherlands: Kluwer Academic.

Berkowitz, L. (1990). On the formation and regulation of anger and aggression: A cognitive-neoassociationistic analysis. *American Psychologist, 45*(4), 494-503.

Blanchard-Fields, F., & Coats, A. H. (2008). The experience of anger and sadness in everyday problems impacts age differences in emotion regulation. *Developmental Psychology, 44*(6), 1547-1556.

Borduin, C. M., Mann, B. J., Cone, L. T., Henggeler, S. W., Fucci, B. R., Blaske, D. M., et al. (1995). Multisystemic treatment of serious juvenile offenders: Long-term prevention of criminality and violence. *Journal of Consulting and Clinical Psychology, 63*(4), 569-578.

Borum, R. (2000). Assessing violence risk among youth. Journal of *Clinical Psychology, 56*(10), 1263-1288.

Borum, R., Fein, R., Vossekuil, B., & Berglund, J. (1999). Threat assessment: Defining an approach for evaluating risk of targeted violence. *Behavioral Sciences and the Law, 17*(3), 323-337.

Bourke, M. L., & Van Hasselt, V. B. (2001). Social problem-solving skills training for incarcerated offenders: A treatment manual. *Behavior Modification, 25*(2), 163-188.

Bronfenbrenner, U. (1979). Contexts of child rearing: Problems and prospects. *American Psychologist, 34*(10), 844-850.

Brown, E. C., Aman, M. G., & Havercamp, S. M. (2002). Factor analysis and norms for parent ratings on the Aberrant Behavior Checklist—Community for young people in special education. *Research in Developmental Disabilities, 23*(1), 45-60.

Brunner, T. M., & Spielberger, C. D. (2009). *State-Trait*

Anger Expression Inventory-2: Child and Adolescent. Lutz, FL: Psychological Assessment Resources.

Bubier, J. L., & Drabick, D. A. G. (2009). Co-occurring anxiety and disruptive behavior disorders: The roles of anxious symptoms, reactive aggression, and shared risk processes. *Clinical Psychology Review, 29*(7), 658-669.

Carlson, G. A. (2007). Who are the children with severe mood dysregulation, a.k.a. "rages"? *American Journal of Psychiatry, 164*(8), 1140-1142.

Collett, B. R., Ohan, J. L., & Myers, K. M. (2003). Ten-year review of rating scales: VI. Scales assessing externalizing behaviors. *Journal of the American Academy of Child and Adolescent Psychiatry, 42*(10), 1143-1170.

Costello, E. J., Mustillo, S., Erkanli, A., Keeler, G., & Angold, A. (2003). Prevalence and development of psychiatric disorders in childhood and adolescence. *Archives of General Psychiatry, 60*(8), 837-844.

Crick, N. R., & Dodge, K. A. (1994). A review and reformulation of social information-processing mechanisms in children's social adjustment. *Psychological Bulletin, 115*(1), 74-101.

Deater-Deckard, K. (2001). Annotation: Recent research examining the role of peer relationships in the development of psychopathology. *Journal of Child Psychology and Psychiatry and Allied Disciplines, 42*(5), 565-579.

Deffenbacher, J. L., Lynch, R. S., Oetting, E. R., & Kemper, C. C. (1996). Anger reduction in early adolescents. *Journal of Counseling Psychology, 43*(2), 149-157.

DiGiuseppe, R., & Tafrate, R. C. (2003). Anger treatment for adults: A meta-analytic review. *Clinical Psychology: Science and Practice, 10*(1), 70-84.

Dodge, K. A. (1980). Social cognition and children's aggressive behavior. *Child Development, 51*(1), 162-170.

Dodge, K. A. (2003). Do social information-processing patterns mediate aggressive behavior? In B. B. Lahey, T. E. Moffitt, & A. Caspi (Eds.), *Causes of conduct disorder and juvenile delinquency* (pp. 254-274). New York: Guilford Press.

Dodge, K. A. (2006). Translational science in action: Hostile attributional style and the development of aggressive behavior problems. *Development and Psychopathology, 18*(3), 791-814.

Dodge, K. A., Bates, J. E., & Pettit, G. S. (1990). Mechanisms in the cycle of violence. *Science, 250*, 1678-1683.

Dollard, J., Dood, L., Miller, N., Mowrer, O., & Sears, R. (1939). *Frustration and aggression.* New Haven, CT: Yale University Press.

Donovan, S. J., Stewart, J. W., Nunes, E. V., Quitkin, F. M., Parides, M., Daniel, W., et al. (2000). Divalproex treatment for youth with explosive temper and mood lability: A double-blind, placebo-controlled crossover design. *American Journal of Psychiatry, 157*(5), 818-820.

DuPaul, G. J., & Barkley, R. A. (1992). Situational variability of attention problems: Psychometric properties of the Revised Home and School Situations Questionnaires. *Journal of Clinical Child Psychology, 21*(2), 178-188.

D'Zurilla, T. J., & Goldfried, M. R. (1971). Problem solving and behavior modification. *Journal of Abnormal Psychology, 78*(1), 107-126.

Eaton, D. K., Kann, L., Kinchen, S., Ross, J., Hawkins, J., Harris, W. A., et al. (2006). Youth risk behavior surveillance—United States, 2005. *Morbidity and Mortality Weekly Report, Surveillance Summaries/CDC, 55*(5), 1-108.

Eckhardt, C., Norlander, B., & Deffenbacher, J. (2004). The assessment of anger and hostility: A critical review. *Aggression and Violent Behavior, 9*(1), 17-43.

Ekman, P. (1993). Facial expression and emotion. *American Psychologist, 48*(4), 384-392.

Ellis, A. (2002). *Anger: How to live with and without it.* New York: Citadel Press.

Feindler, E. L., & Ecton, R. B. (1986). *Adolescent anger control: Cognitive-behavioral techniques.* New York: Pergamon Press.

Feindler, E. L., Ecton, R. B., Kingsley, D., & Dubey, D. R. (1986). Group anger-control training for institutionalized psychiatric male adolescents. *Behavior Therapy, 17*(2), 109-123.

Feindler, E. L., Marriott, S. A., & Iwata, M. (1984). Group anger control training for junior high school delinquents. *Cognitive Therapy and Research, 8*(3), 299-311.

Fergusson, D. M., & Horwood, L. J. (2002). Male and female offending trajectories. *Development and Psychopathology, 14*(1), 159-177.

Frick, P. J., Lahey, B. B., Loeber, R., Tannenbaum, L., Van Horn, Y., Christ, M. A. G., et al. (1993). Oppositional defiant disorder and conduct disorder: A meta-analytic review of factor analyses and cross-validation in a clinic sample. *Clinical Psychology Review, 13*(4), 319-340.

Garrison, S. R., & Stolberg, A. L. (1983). Modification of anger in children by affective imagery training. *Journal of Abnormal Child Psychology, 11*(1), 115-129.

Gershoff, E. T. (2002). Corporal punishment by parents and associated child behaviors and experiences: A meta-analytic and theoretical review. *Psychological Bulletin, 128*(4), 539-579.

Goldbeck, L., & Schmid, K. (2003). Effectiveness of autogenic relaxation training on children and adolescents with behavioral and emotional problems. *Journal of the American Academy of Child and Adolescent Psychiatry, 42*(9), 1046-1054.

Goldstein, A. P., & Glick, B. (1987). *Aggression replacement training: A comprehensive intervention for aggressive youth.* Champaign, IL: Research Press.

Gomez, R., Burns, G. L., & Walsh, J. A. (2008). Parent ratings of the oppositional defiant disorder symptoms: Item response theory analyses of cross-national and cross-racial invariance. *Journal of Psychopathology and Behavioral Assessment, 30*, 10-19.

Grodnitzky, G. R., & Tafrate, R. C. (2000). Imaginal exposure for anger reduction in adult outpatients: A pilot study. *Journal of Behavior Therapy and Experimental Psychiatry, 31*(3-4), 259-279.

Guerra, N. G., & Slaby, R. G. (1990). Cognitive mediators of aggression in adolescent offenders: 2. Intervention. *Developmental Psychology, 26*(2), 269-277.

Hazaleus, S. L., & Deffenbacher, J. L. (1986). Relaxation and cognitive treatments of anger. *Journal of Consulting and Clinical Psychology, 54*(2), 222-226.

Henggeler, S. W., Brondino, M. J., Melton, G. B., Scherer, D. G., & Hanley, J. H. (1997). Multisystemic therapy with violent and chronic juvenile offenders and their families: The role of treatment fidelity in successful dissemination. *Journal of Consulting and Clinical Psychology, 65*(5), 821-833.

Henggeler, S. W., Melton, G. B., & Smith, L. A. (1992). Family preservation using multisystemic therapy: An effective alternative to incarcerating serious juvenile offenders. *Journal of Consulting and Clinical Psychology, 60*(6), 953-961.

Henggeler, S. W., Pickrel, S. G., & Brondino, M. J. (1999). Multisystemic treatment of substance-abusing and dependent delinquents: Outcomes, treatment fidelity, and transportability. *Mental Health Services Research, 1*(3), 171-184.

Henggeler, S. W., Rowland, M. D., Randall, J., Pickrel, S. G., Cunningham, P. B., Miller, S. L., et al. (1999). Home-based multisystemic therapy as an alternative to the hospitalization of youths in psychiatric crisis: Clinical outcomes. *Journal of the American Academy of Child and Adolescent Psychiatry, 38*(11), 1331-1339.

Hudley, C., & Graham, S. (1993). An attributional intervention to reduce peer-directed aggression among African-American boys. *Child Development, 64*(1), 124-138.

Jarvis, P. (2006). "Rough and tumble" play: Lessons in life. *Evolutionary Psychology, 4*, 330-346.

Jensen, P. S., Pappadopulos, E., Schur, S. B., Siennick, S. E., Jensen, P. S., MacIntyre, J. C. II, et al. (2003). Treatment recommendations for the use of antipsychotics for aggressive youth (TRAAY): Part II. *Journal of the American Academy of Child and Adolescent Psychiatry, 42*(2), 145-161.

Kassinove, H., & Sukhodolsky, D. G. (1995). Anger disorders: Basic science and practice issues. *Issues in Comprehensive Pediatric Nursing, 18*(3), 173-205.

Kassinove, H., Sukhodolsky, D. G., Tsytsarev, S. V., & Solovyova, S. (1997). Self-reported anger episodes in Russia and America. *Journal of Social Behavior and Personality, 12*(2), 301-324.

Kassinove, H., & Tafrate, R. C. (2002). *Anger management: The complete treatment guidebook for practitioners.* Atascadero, CA: Impact Publishers.

Kaufman, J., Birmaher, B., Brent, D., Rao, U., Flynn, C., Moreci, P., et al. (1997). Schedule for Affective Disorders and Schizophrenia for School-Age Children—Present and Lifetime Version (K-SADSPL): Initial reliability and validity data. *Journal of the American Academy of Child and Adolescent Psychiatry, 36*(7), 980-988.

Kazdin, A. E. (2005). *Parent management training: Treatment for oppositional, aggressive, and antisocial behavior in children and adolescents.* New York: Oxford University Press.

Kazdin, A. E., Esveldt-Dawson, K., French, N. H., & Unis, A. S. (1987). Problem-solving skills training and relationship therapy in the treatment of antisocial child behavior. *Journal of Consulting and Clinical Psychology, 55*(1), 76-85.

Kazdin, A. E., Siegel, T. C., & Bass, D. (1992). Cognitive problem-solving skills training and parent management training in the treatment of antisocial behavior in children. *Journal of Consulting and Clinical Psychology, 60*(5), 733-747.

Keenan, K., & Wakschlag, L. S. (2004). Are oppositional defiant and conduct disorder symptoms normative behaviors in preschoolers?: A comparison of referred and nonreferred children. *American Journal of Psychiatry, 161*(2), 356-358.

Kellner, M. H. (2001). *In control: A skill-building program for teaching young adolescents to manage anger.* Champain, IL: Research Press.

Kendall, P. C. (2006). Guiding theory for therapy with children and adolescents. In P. C. Kendall (Ed.), *Child and adolescent therapy: Cognitive-behavioral procedures* (3rd ed., pp. 3-30). New York: Guilford Press.

Kendall, P. C., Chu, B., Gifford, A., Hayes, C., & Nauta, M. (1998). Breathing life into a manual: Flexibility and creativity with manual-based treatments. *Cognitive and Behavioral Practice, 5*(2), 177-198.

Kjelsberg, E. (2002). Pathways to violent and non-violent criminality in an adolescent psychiatric population. *Child Psychiatry and Human Development, 33*(1), 29-42.

Kolko, D. J., Herschell, A. D., & Scharf, D. M. (2006). Education and treatment for boys who set fires: Specificity, moderators, and predictors of recidivism. *Journal of Emotional and Behavioral Disorders, 14*(4), 227-239.

Kraemer, H. C., Measelle, J. R., Ablow, J. C., Essex, M. J., Boyce, W. T., & Kupfer, D. J. (2003). A new approach to integrating data from multiple informants in psychiatric assessment and research: Mixing and matching contexts and perspectives. *American Journal of Psychiatry, 160*(9), 1566-1577.

Kraijer, D. (2000). Review of adaptive behavior studies in mentally retarded persons with autism/pervasive developmental disorder. *Journal of Autism and Developmental Disorders, 30*(1), 39-47.

Lahey, B. B., Loeber, R., Quay, H. C., Applegate, B., Shaffer, D., Waldman, I., et al. (1998). Validity of DSM-IV subtypes of conduct disorder based on age of onset. *Journal of the American Academy of Child and Adolescent Psychiatry,*

37(4), 435-442.

Leibenluft, E., Blair, R. J., Charney, D. S., & Pine, D. S. (2003). Irritability in pediatric mania and other childhood psychopathology. *Annals of the New York Academy of Sciences, 1008*, 201-218.

Leve, L. D., Chamberlain, P., & Reid, J. B. (2005). Intervention outcomes for girls referred from juvenile justice: Effects on delinquency. *Journal of Consulting and Clinical Psychology, 73*(6), 1181-1184.

Lipsey, M. W., & Wilson, D. B. (1998). Effective intervention for serious juvenile offenders: A synthesis of research. In R. Loeber & D. P. Farrington (Eds.), *Serious and violent juvenile offenders: Risk factors and successful interventions* (pp. 86-105). Thousand Oaks, CA: Sage.

Lochman, J. E., Barry, T. D., & Pardini, D. A. (2003). Anger control training for aggressive youth. In A. E. Kazdin & J. R. Weisz (Eds.), *Evidence-based psychotherapies for children and adolescents* (pp. 263-281). New York: Guilford Press.

Lochman, J. E., Curry, J. F., Burch, P. R., & Lampron, L. B. (1984). Treatment and generalization effects of cognitive-behavioral and goal-setting interventions with aggressive boys. *Journal of Consulting and Clinical Psychology, 52*(5), 915-916.

Lochman, J. E., & Wells, K. C. (2004). The Coping Power Program for preadolescent aggressive boys and their parents: Outcome effects at the 1-year follow-up. *Journal of Consulting and Clinical Psychology, 72*(4), 571-578.

Lochman, J. E., Wells, K. C., & Lenhart, L. A. (2008). *Coping Power: Child group program.* New York: Oxford University Press.

Lochman, J. E., Whidby, J. M., & FizGerald, D. P. (2000). Cognitive-behavioral assessment and treatment with aggressive children. In P. C. Kendall (Ed.), *Child and adolescent therapy: Cognitive-behavioral procedures* (2nd ed., pp. 31-87). New York: Guilford Press.

Loeber, R., Green, S. M., Kalb, L., Lahey, B. B., & Loeber, R. (2000). Physical fighting in childhood as a risk factor for later mental health problems. *Journal of the American Academy of Child and Adolescent Psychiatry, 39*(4), 421-428.

Losel, F., & Beelmann, A. (2003). Effects of child skills training in preventing antisocial behavior: A systematic review of randomized evaluations. *Annals of the American Academy of Political and Social Science, 587*, 84-109.

Luborsky, L., & DeRubeis, R. J. (1984). The use of psychotherapy treatment manuals: A small revolution in psychotherapy research style. *Clinical Psychology Review, 4*, 5-14.

Malone, R. P., Delaney, M. A., Luebbert, J. F., Cater, J., & Campbell, M. (2000). A double-blind placebo-controlled study of lithium in hospitalized aggressive children and adolescents with conduct disorder. *Archives of General Psychiatry, 57*(7), 649-654.

Maughan, B., Rowe, R., Pickles, A., Costello, E. J., & Angold, A. (2000). Developmental trajectories of aggressive and non-aggressive conduct problems. *Journal of Quantitative Criminology, 16*(2), 199-221.

McMahon, R. J., & Forehand, R. L. (2003). *Helping the noncompliant child: Family-based treatment for oppositional behavior* (2nd ed.). New York: Guilford Press.

Meichenbaum, D., & Cameron, R. (1973). *Stress inoculation: A skills training approach to anxiety management.* Waterloo, Ontario, Canada: University of Waterloo.

Merrell, K. W., & Gimpel, G. A. (1998). *Social skills of children and adolescents: Conceptualization, assessment, treatment.* Mahwah, NJ: Erlbaum.

Minuchin, S. (1974). *Families and family therapy.* Cambridge, MA: Harvard University Press.

MTA Cooperative Group. (1999). A 14-month randomized clinical trial of treatment strategies for attention-deficit/hyperactivity disorder: The MTA Cooperative Group Multimodal Treatment Study of Children with ADHD. *Archives of General Psychiatry, 56*(12), 1073-1086.

Nagin, D., & Tremblay, R. E. (1999). Trajectories of boys' physical aggression, opposition, and hyperactivity on the path to physically violent and nonviolent juvenile delinquency. *Child Development, 70*(5), 1181-1196.

Nelson, W. M., & Finch, A. J. (2000). *Children's Inventory of Anger.* Los Angeles: Western Psychological Services.

Novaco, R. W. (1975). *Anger control: The development and evaluation of experimental treatment.* Lexington, MA: Health.

Office of Juvenile Justice and Delinquency Prevention. (2008). *Girls Study Group: Understanding and responding to girls' delinquency.* Washington, DC: U.S. Department of Justice, Office of Justice Programs.

Patterson, G. R., DeBaryshe, B. D., & Ramsey, E. (1989). A developmental perspective on antisocial behavior. *American Psychologist, 44*(2), 329-335.

Patterson, G. R., Reid, J. B., & Dishion, T. J. (1992). *A social learning approach: IV. Antisocial boys.* Eugene, OR: Castalia.

Pavuluri, M. N., Birmaher, B., & Naylor, M. W. (2005). Pediatric bipolar disorder: A review of the past 10 years. *Journal of the American Academy of Child and Adolescent Psychiatry, 44*(9), 846-871.

Perepletchikova, F., & Kazdin, A. E. (2005). Treatment integrity and therapeutic change: Issues and research recommendations. *Clinical Psychology: Science and Practice, 12*(4), 365-383.

Potegal, M., & Davidson, R. J. (2003). Temper tantrums in young children: 1. Behavioral composition. *Journal of Developmental and Behavioral Pediatrics, 24*(3), 140-147.

Potegal, M., Kosorok, M. R., & Davidson, R. J. (2003). Temper tantrums in young children: 2. Tantrum duration and temporal organization. *Journal of Developmental and Behavioral Pediatrics, 24*(3), 148-154.

Rice, B. J., Woolston, J., Stewart, E., Kerker, B. D., & Horwitz, S. M. (2002). Differences in younger, middle, and older children admitted to child psychiatric inpatient services. *Child Psychiatry and Human Development, 32*(4), 241-261.

RUPP Autism Network. (2002). Risperidone in children with autism and serious behavioral problems. *New England Journal of Medicine, 347*(5), 314-321.

Scahill, L., Sukhodolsky, D. G., Bearss, K., Findley, D. B., Hamrin, V., Carroll, D. H., et al. (2006). A randomized trial of parent management training in children with tic disorders and disruptive behavior. *Journal of Child Neurology, 21*(8), 650-656.

Schaeffer, C. M., & Borduin, C. M. (2005). Longterm follow-up to a randomized clinical trial of multisystemic therapy with serious and violent juvenile offenders. *Journal of Consulting and Clinical Psychology, 73*(3), 445-453.

Schur, S. B., Sikich, L., Findling, R. L., Malone, R. P., Crismon, M. L., Derivan, A., et al. (2003). Treatment recommendations for the use of antipsychotics for aggressive youth (TRAAY): Part I. A review. *Journal of the American Academy of Child and Adolescent Psychiatry, 42*(2), 132-144.

Shure, M. B. (1993). I can problem solve (ICPS): Interpersonal cognitive problem solving for young children. *Early Child Development and Care, 96*, 49-64.

Shure, M. B., & Spivack, G. (1972). Means-ends thinking, adjustment, and social class among elementary-school-aged children. *Journal of Consulting and Clinical Psychology, 38*(3), 348-353.

Shure, M. B., & Spivack, G. (1982). Interpersonal problem-solving in young children: A cognitive approach to prevention. *American Journal of Community Psychology, 10*(3), 341-356.

Silver, J. M., & Yudofsky, S. C. (1991). The Overt Aggression Scale: Overview and guiding principles. *Journal of Neuropsychiatry and Clinical Neurosciences, 3*(2), S22-S29.

Silverthorn, P., & Frick, P. J. (1999). Developmental pathways to antisocial behavior: The delayed-onset pathway in girls. *Development and Psychopathology, 11*(1), 101-126.

Skinner, B. F. (1938). *The behavior of organisms: An experimental analysis.* New York: Free Press.

Snyder, K. V., Kymissis, P., Kessler, K., & Snyder, K. V. (1999). Anger management for adolescents: Efficacy of brief group therapy. *Journal of the American Academy of Child and Adolescent Psychiatry, 38*(11), 1409-1416.

Spence, S. H. (2003). Social skills training with children and young people: Theory, evidence and practice. *Child and Adolescent Mental Health, 8*(2), 84-96.

Spielberger, C. D. (1988). *Manual for the State-Trait Anger Expression Inventory* (STAXI). Odessa, FL: Psychological Assessment Resources.

Sukhodolsky, D. G., & Butter, E. (2006). Social skills training for children with intellectual disabilities. In J. W. Jacobson & J. A. Mulick (Eds.), *Handbook of mental retardation and developmental disabilities* (pp. 601-618). New York: Kluwer.

Sukhodolsky, D. G., Cardona, L., & Martin, A. (2005). Characterizing aggressive and noncompliant behaviors in a children's psychiatric inpatient setting. *Child Psychiatry and Human Development, 36*(2), 177-193.

Sukhodolsky, D. G., Golub, A., & Cromwell, E. N. (2001). Development and validation of the Anger Rumination Scale. *Personality and Individual Differences, 31*(5), 689-700.

Sukhodolsky, D. G., Golub, A., Stone, E. C., & Orban, L. (2005). Dismantling anger control training for children: A randomized pilot study of social problem-solving versus social skills training components. *Behavior Therapy, 36*(1), 15-23.

Sukhodolsky, D. G., Kassinove, H., & Gorman, B. S. (2004). Cognitive-behavioral therapy for anger in children and adolescents: A meta-analysis. *Aggression and Violent Behavior, 9*(3), 247-269.

Sukhodolsky, D. G., & Ruchkin, V. (2006). Evidencebased psychosocial treatments in the juvenile justice system. *Child and Adolescent Psychiatric Clinics of North America, 15*(2), 501-516.

Sukhodolsky, D. G., & Ruchkin, V. V. (2004). Association of normative beliefs and anger with aggression and antisocial behavior in Russian male juvenile offenders and high school students. *Journal of Abnormal Child Psychology, 32*(2), 225-236.

Sukhodolsky, D. G., Solomon, R. M., & Perine, J. (2000). Cognitive-behavioral, anger-control intervention for elementary school children: A treatment outcome study. *Journal of Child and Adolescent Group Therapy, 10*(3), 159-170.

Sukhodolsky, D. G., Vitulano, L. A., Carroll, D. H., McGuire, J., Leckman, J. F., & Scahill, L. (2009). Randomized trial of anger control training for adolescents with Tourette's Syndrome and disruptive behavior. *Journal of the American Academy of Child and Adolescent Psychiatry, 48*(4), 413-421.

Suls, J., & Bunde, J. (2005). Anger, anxiety, and depression as risk factors for cardiovascular disease: The problems and implications of overlapping affective dispositions. *Psychological Bulletin, 131*(2), 260-300.

Swearer, S. M., Espelage, D. L., & Napolitano, S. A. (2009). *Bullying prevention and intervention: Realistic strategies for schools.* New York: Guilford Press.

Tafrate, R. C., & Kassinove, H. (1998). Anger control in men: Barb exposure with rational, irrational, and irrelevant self-statements. *Journal of Cognitive Psychotherapy: An International Quarterly, 12*(3), 187-211.

Vitiello, B., & Stoff, D. M. (1997). Subtypes of aggression and their relevance to child psychiatry. *Journal of the American Academy of Child and Adolescent Psychiatry, 36*(3), 307-315.

Wakschlag, L. S., Tolan, P. H., & Leventhal, B. L. (2010). Research review: "Ain't misbehavin": Towards a developmentally-specified nosology for preschool disruptive behavior. *Journal of Child Psychology and Psychiatry and Allied Disciplines, 51*(1), 1-22.

Webster-Stratton, C., Hollinsworth, T., & Kolpacoff, M. (1989). The long-term effectiveness and clinical significance of three cost-effective training programs for families with conduct-problem children. *Journal of Consulting and Clinical Psychology, 57*(4), 550-553.

Weisbrot, D. M., & Ettinger, A. B. (2002). Aggression and violence in mood disorders. *Child and Adolescent Psychiatric Clinics of North America, 11*(3), 649-671.

Weisz, J. R., & Weiss, B. (1993). *Effects of psychotherapy with children and adolescents.* Thousand Oaks, CA: Sage.

Wolpe, J. (1958). *Psychotherapy by reciprocal inhibition.* Stanford, CA: Stanford University Press.

Wozniak, J., Biederman, J., Kiely, K., Ablon, J. S., Faraone, S. V., Mundy, E., et al. (1995). Manialike symptoms suggestive of childhood-onset bipolar disorder in clinically referred children. *Journal of the American Academy of Child and Adolescent Psychiatry, 34*(7), 867-876.

Yudofsky, S. C., Silver, J. M., Jackson, W., Endicott, J., & Williams, D. (1986). The Overt Aggression Scale for the objective rating of verbal and physical aggression. *American Journal of Psychiatry, 143*(1), 35-39.

索　引

[A-Z]
A－B－Cアプローチ　15
ACT（→怒りのコントロールのトレーニング）
DBRS（→破壊的行動評価尺度）
HSQ（→家庭での状況についての質問票）
MST（→マルチシステミック・セラピー）
PICC（→問題の同定，選択，結果）　82, 90
PMT（→親マネジメント・トレーニング）
PSST（→問題解決スキルトレーニング）

[ア]
アサーティブ　102, 113, 122
　　──な行動　103, 119, 122
アセスメント　22
あなたは体の中のどこで怒りを感じますか？［ワークシート11］　166
怒り　13〜32
　　──から気をそらす［ワークシート3］　157
　　──の感情と攻撃性についての関連するモデル　20
　　──と攻撃性に対する認知行動療法の効果　29
　　──の合図のモニタリング　60
　　──のコントロールのトレーニング（ACT）　25
　　──の引き金［ワークシート2］　156
　　──の表情　61
　　──のマネジメント　33, 37, 43, 60, 85, 90, 123, 137, 148
　　──のマネジメント・スキルのチェックリスト［付録4］　197
　　──のマネジメント日記1［ワークシート5］　160
　　──のマネジメント日記2［ワークシート10］　165
　　──のマネジメント日記3［ワークシート15］　170
　　──のマネジメント日記4［ワークシート19］　174
　　──のマネジメント日記5［ワークシート23］　178
　　──のマネジメント日記6［ワークシート26］　181
　　──のマネジメント日記7a（からかいに対するアサーティブな反応）［ワークシート29］　184
　　──のマネジメント日記7b（からかいを無視する）［ワークシート30］　185
　　──のマネジメント日記8a（アサーション・トレーニング）［ワークシート33］　188
　　──のマネジメント日記8b（責められた時の対処）［ワークシート34］　189
　　──のマネジメント日記9（大人との問題解決に向けたアサーションスキル）［ワークシート37］　192
　　──の要素［ワークシート1］　155
　　──を表す言葉［ワークシート8］　163
　　──を描きましょう［ワークシート13］　168
　　──を丁寧に表現する言葉［ワークシート22］　177

逸脱行動チェックリスト　24
受け身的　103, 113
　　──行動　103
大人との葛藤を解決するためのソーシャル・スキル　121
親セッション　141
親との葛藤への反応の例　124
親マネジメント・トレーニング（PMT）　27

[カ]
解決を生み出す　81
家族とコミュニティに焦点を当てた治療　27
葛藤を感じる状況で自分の役割を説明する練習　129
家庭での状況についての質問票（HSQ）　23, 122, 125, 127, 137, 144
　　──［付録3］　195
家庭での問題解決［ワークシート35］　190
身体のサイン　61
感情過覚醒モデル　21
感情調節　56
気分障害　15, 18
気持ち温度計　46, 57
　　──［ワークシート6］　161
気持ちがしずまる考え［ワークシート17］　172
結果について考える　90, 93
顕在的攻撃性尺度　24
権利　111
　　傷つけられない──　113
　　財産を所有する──　113
　　話を聞いてもらう──　113
　　侮辱されない──　113
　　ものごとを自分の側から説明する──　113
　　──章典［ワークシート31］　186
攻撃的　102, 113
　　──行動　103
行動契約［ワークシート25］　180
行動と学習のモデル　20
行動の3通りの方法［ワークシート28］　183
公平さ　111
心地良い考えの技法　53
言葉によるリマインダー　57
子どもが「立ち止まって考える」技法　47, 57, 117
子どもに焦点を当てた治療　25
子どもの行動チェックリスト　23
コミュニケーションにおける悪い癖　128
コミュニケーションの癖［ワークシート36］　191
　　──を書いた検索カード　134

[サ]
「3まで数える」技法　49

思考と感情のつながり　71
自己教示　45
指示に従わないこと　16, 36, 125
自閉スペクトラム症　15, 24, 28
社会的な相互作用の非言語的な側面　107
社会認知モデル　21
重篤気分調節症　15
柔軟に実施するためのガイドライン　31
状態−特性怒りの表出質問票　25
深呼吸　42, 53
真摯な謝罪方法　118
身体的な攻撃　15, 24, 84
数字の逆唱　53, 64
ストップ・サイン［ワークシート 7］　162
性差　17
積極的傾聴　114
積極的に話を聴くための 3 ステップ［ワークシート 32］　187
漸進的筋弛緩　62
　　——［ワークシート 14］　169
双極性障害　15
創造的な活動　62
ソーシャル・スキル　97
　　——トレーニング（SST）　26, 29, 100, 112, 138
卒業証書　140
　　——［ワークシート 38］　193

[タ]
たくさんの怒った顔［ワークシート 12］　167
他者の意図と目標を同定する　77
他者の行動の結果　92
チック症群　15
治療の厳密性のチェックリスト　31
　　——［付録 5］　199
釣り用ボート［ワークシート 24］　179
敵意帰属バイアス　21, 76

[ナ]
望ましい行動を賞賛する　145

[ハ]
破壊的行動のタイプ　13
破壊的行動評価尺度（DBRS）　23, 137, 144
　　——［付録 2］　194
破壊的素行障害　15
非難を受けた時のコーピングの型　117
不当に責められている状況での，積極的傾聴のスキル　118
報酬　145

[マ]
毎日の怒りのモニタリング日記 1［ワークシート 4］　158
マニュアルの遵守と治療の厳密性を保つこと　30

マルチシステミック・セラピー（MST）　27
目の見えない人と大きなもの［ワークシート 18］　173
モデリング　101, 114, 124
問題解決　67, 73, 82 〜 87, 90, 100, 125
　言葉による——　87
　　——スキルトレーニング（PSST）　26, 29
　　——トレーニングへの抵抗を解決する　95
　　——の前の怒りのマネジメント［ワークシート 21］　176
問題の同定，選択，結果［ワークシート 20］　175
問題を同定する方法　73

[ヤ]
薬物療法によるマネジメント　28

[ラ]
リラクゼーション　41, 45, 53, 62, 70
　　——の技法　57, 64
　　——の練習日記 1［ワークシート 9］　164
　　——の練習日記 2［ワークシート 16］　171
ロールプレイ　50, 85, 101 〜 107, 113, 118, 124, 182
　　——の練習［ワークシート 27］　182

訳者あとがき

　本書の翻訳は，訳者らの切なる願いから始まった。いわゆる，「キレる」子どもたちは，その行為の外見とは裏腹に，決して周囲を傷つけたくて行っているのではない，彼らもまた，自らの衝動がコントロールできないことに深く悩んでいるのだということ，そして，それに対して，手立てが（おそらく）存在するということを，それぞれの臨床経験から気づいていたからである。そのことを訳者の1人（坂戸）は，精神科・児童精神科として，病院勤務する中で，また，児童相談所で，相談ケースとして多くの子どもや家族に接する中で痛感してきた。坂戸は児童相談所に勤務しているが，子どもたちの中に，衝動制御の難しい子どもが多くいること，そして，いったん周囲に被害が及ぶと，それは「問題行動」「周囲への迷惑行為」としてとらえられ，そうなった段階では，それを改善することが難しいということを実感していたからである。そして，もう一方の訳者（田村）は，認知行動療法を専門とする臨床心理士であるが，数年間の児童養護施設での勤務経験がある。児童養護施設は，もともとは両親が亡くなった子どもたちなどを主な対象とした入所施設であり，社会的養護を目的に始まったものであるが，近年では，入所理由は様々である。いずれも，怒りのコントロールが難しい子どもへの対処は大変重要な問題であり，それは，社会においても同様である。坂戸は，児童精神科外来で，そのような子どもたちに対して，場合によっては薬物療法を行うこともあるものの，数年前から学んでいる認知行動療法を一人ひとりに合わせて苦心して行う中で，また場合によっては親に対してもやはり認知行動的アプローチを心掛けながら接することで，多くの事例で衝動行動が大幅に改善していく姿を見てきた。しかし，このアプローチは，自分が学んできた認知行動療法を基にしてはいるものの，応用的な活用であり，それがはたして，セラピーとしてきちんとできているものなのか，ずっと疑問に思ってきた。

　そのような中で，本書との偶然の出会いがあった。出会った時には，その内容が，自分が苦心しながら行ってきたことと非常に似通っていて驚いたものだった。また訳者同士の出会いもあり，共訳で本書を出版させていただく運びとなった。

　本プログラムではまず，子どもの怒りに対する治療的アプローチとして，文献を整理しながら考察している（p.25）。そこではまず，①子どもに焦点を当てた治療を挙げ，マイケンバウムのストレス免疫モデルを紹介し，さらに問題解決技法と，SSTについて記している。次に，②家族とコミュニティに向けた治療について記され，最後に，③薬物療法について記載されている。薬物療法については，一定の意味は認めるものの副作用への注意が換気されている。本プログラムの対象者は子どもであるため，薬物療法については保護者も慎重である場合も多く，臨床場面においても慎重さが求められるのは当然のことであろう。それに続いて，プログラムの開発経緯，および現在まで報告されているエビデンス（文献的根拠）についてまとめられている。

上記のような文献的考察に続き，実際のプログラムが掲載されているが，これは①の構成をそのまま実践した内容といってよいであろう。まさに，エビデンスに基づいた (evidence-based) プログラムである。各回は，前回のセッションの振り返りののちに，ホームワークのチェック，それからその日のテーマについてワークシートを使用しながら取り組み，最後にホームワークを出す，という固定した流れがある（これを「セッションの構造化」と呼び，治療をこのように構造化することは認知行動療法においては必須のことである）。そしてセッション全体の構造は，①に沿うように，(1) 感情調節，(2) 問題解決，(3) SST の順番で構成されている。ここで特筆すべきことは，このいずれの段階においても，クライエントの感情を，様々な形で扱っていることである。認知療法の創始者であるアーロン・ベックの言葉に「認知にいたる王道は感情である」という名言があるが，それがまさに体現されたものといえよう。それは，(1) 感情調節においては当然のことであるが，(2) 問題解決，(3) SST においても貫かれている。また，(2) 問題解決においては，怒りを向けた相手の感情についてセラピストと子どもが協働して考え，相手の感情をあおらないための対処方法を学ぶ。(3) SST においては，アサーション・スキルを含む，日常生活において対人関係をスムーズにするために役立つスキルを学んでいく。すなわち全体を通してみれば，まず，感情のはげしい揺れ動きをコントロールした後に，個々の問題を解決する術を学び，それがより一般化されたと言ってもよい SST を学んでいくという構成になっている。

　一方，本プログラムは，認知行動療法の原則を貫いてはいるものの，ところどころ，通常は基本原則とされていることと若干異なる部分もある。それは，(ⅰ) ケースフォーミュレーション（事例定式化）を行わないこと，(ⅱ) スキーマ（中核信念）を扱わないこと，(ⅲ) アジェンダ（そのセッションで話し合う議題）設定をクライエントとセラピストが協働で行うことをせず，プログラムの中で最初から決められていることである。これについては，訳者の経験からは納得するところである。まず，(ⅰ) についてであるが，ケースフォーミュレーションとは，事例やその背景を大局的かつ具体的に見立てていくものであり，それは臨床力が問われる作業である。プログラムを実践する「セラピスト」は，実際には，必ずしも豊富な臨床経験を持っていたり，精神療法についての学びを深めているわけではない方々ばかりではない。本プログラムは，子どもに関わる幅広い職種の方々を対象としているため，そうした方々でも無理なく実践できるようこのようになったと想像する。また (ⅱ) については，スキーマを扱うことが必ずしも治療がうまく進むことにはつながらず，それよりも，現在起きていることをしっかりと扱っていくということが認知行動療法の基本であるからなのではないかと考える。もちろん，通常の認知行動療法では，スキーマを扱うこともあるが，まずは現在，「今ここで起きていること」を十分扱うことが重要なことであり，そのためにあえて，スキーマは扱っていないのであろう，と考える。最後に (ⅲ) についてであるが，適切なアジェンダを設定するということもまた，治療の結果を大きく左右する大切な部分であり，やはり臨床力を要するところである。また，本プログラムは子どもがクライエントであるので，成人のクライエント以上にその作業は困難を極めるということが予測されるということもある。こうした理由から，本プロ

グラムではアジェンダが最初から決められているのであろうと考える。いずれも，幅広い職種による利用を想定して，また，クライエントが子どもであるという難しい条件下での実施のための工夫であることが見て取れる。

　ところで，坂戸は現在，主に福祉領域に身を置く精神科医であるが，その視点から，僭越ながら，若干つけ加えさせていただきたい。

　本プログラムが，子どもの怒りに対して有用であることは当然のことではあるが，だからといって，いわゆる「キレやすい」（すなわち，ちょっとのことですぐに怒りを爆発させるような）子どもたちに，最初からいきなりこのプログラムを行うことは勧められないということである。「怒り」に限らず，子どもに問題が生じた時には，まず，家庭環境，親や家族の対応，学校の対応，また，生活全般など，その子どもを取り巻く環境のどこかに問題がないのかを見渡さねばならない。生活リズムはどうか？　家庭の中に子どもがイラつきをおぼえても無理もないと感じるような状況はないか？　親の対応に問題はないのか？　親が，子どもの態度や行動に過度に反応していないか？　学校はどうか？　等々を丹念に見ていく必要がある。いわば，社会や家族の問題，それが子どもに凝集され，子どもの情緒に影響を与えていることは意外とよくあることである。見逃してはならず，十分に気をつけねばらない。

　訳者らは，翻訳作業と並行して，プログラムの実施を一部試みているが，実際に子どもたちの衝動行動が減っていくのを目の当たりにする。特に，巻末のワークシートは，書籍の購入者の許可があれば自由にコピーして使用することができ，大いにおすすめするものである。また読者の中には，認知行動療法に触れるのは初めてという方も多いであろう。その場合には，まずは使いやすそうなところから，ワークシートを使いながらそれぞれに試行錯誤しながら取り組んでみるという方法もあるであろう。

　本書の翻訳にあたり，監修者の大野裕先生には，両訳者ともに大変お世話になり，また，翻訳作業においても細かなご指導と実に多くの学び，そして気づきをいただいた。心より感謝申し上げる。担当者の弓手正樹さんには，最初から最後まで，実にさまざまなアドバイスをいただいた。感謝申し上げる次第である。また，両訳者の職場の方々にいろいろとご教示いただいたことが翻訳出版の動機づけとなった。皆様に感謝申し上げたい。

　子どもの怒りは，いろいろな問題を生む。本書が，日々懸命に生きている子どもたちやそのご家族の生きづらさを和らげ，少しでも助けになるよう，児童精神医学・児童心理学・児童福祉において，また，家族に対する支援の一助としていただければ，望外の喜びである。

訳者一同（坂戸美和子・田村法子）

■著者紹介

デニス・G・スコドルスキー（Denis G. Sukhodolsky, PhD）は，Yale University Child Study CenterのAssistant Professorで，主たる仕事は，破壊的行動障害，不安，トゥレット症，自閉スペクトラム症を持つ子どもたちの，認知行動療法の効果とその機序について解明することである。スコドルスキー博士はこれまで，60を超える，主著または共著での論文や書籍を執筆し，National Institute of Mental Health，Tourette Syndrome Association，Obsessive-Compulsive Foundtionから表彰を受けている。ライセンスを持ったサイコロジストとして，子どもたちやその家族らに対し臨床的ケアを行い，また，臨床での同僚らに対して認知行動療法を教授してきた。子どもと思春期の若者の怒りに対する認知行動療法の効果は実証済みであり，本書は複数の臨床試験の成果として刊行された。

ローレンス・スケイヒル（Lawrence Scahill, MSN, PhD）は，Nursing and Child Psychiatry at Yale UniversityのProfessorであり，また，Research Unit on Pediatric Psychopharmacology（RUPP）Autism Network at the Child Study CenterのDirectorをつとめている。RUPP Networkは，破壊的・爆発的行動を示すことがある自閉スペクトラム症をもつ子どもたちへの新たな治療を開発し，その試験を進めてきた。Yale groupもまた，スケイヒル博士による指導の下，トゥレット症をもつ子どもたちに対する，新たな薬理学的・行動的介入を開発・試験を目的とし，積極的に活動してきた。Yale groupは，チック症を持つ成人と子どもを対象に，チック症状を減らすことを目的とした，2つの大規模多点無作為での介入試験を実施した。そこではまた，トゥレット症を持ち，破壊的行動を示す年少児の親トレーニングと，破壊的行動を示す10代の若者に向けた問題解決療法の効果の測定も行ってきた。スケイヒル博士は，Tourette Syndrome AssociationのMedical Advisory Boardや複数の学術誌の編集委員もつとめている。

■監修者略歴

大野 裕（おおの・ゆたか）

（独）国立精神・神経医療研究センター認知行動療法センター長
（一社）認知行動療法研修開発センター理事長

1950年，愛媛県生まれ。1978年，慶應義塾大学医学部卒業と同時に，同大学の精神神経学教室に入室。その後，コーネル大学医学部，ペンシルバニア大学医学部への留学を経て，慶應義塾大学教授（保健管理センター）を務めた後，2011年6月より現職。
アメリカ精神医学会のdistinguished fellowであり，DSM-Ⅳ作成実行委員会の国際委員会およびパーソナリティ障害委員会の委員を務めた。
Academy of Cognitive Therapyの設立フェローで公認スーパーバイザー。日本認知療法学会理事長。日本学術会議連携会員，日本ストレス学会理事長，日本ポジティブサイコロジー医学会理事長，日本うつ病学会や日本不安障害学会の理事などを務める。
著書：『こころが晴れるノート』（創元社），『はじめての認知療法』（講談社現代新書），『うつを治す』（PHP新書），『精神医療・診断の手引き―DSM-Ⅲはなぜ作られ，DSM-5はなぜ批判されたか』（金剛出版），『マンガでわかりやすいうつ病の認知行動療法』（きずな出版），『こころのスキルアップ教育の理論と実践』（大修館書店）など多数。
認知療法・認知行動療法活用サイト『うつ・不安ネット』（http://cbtjp.net/）監修。
訳書：『精神疾患の診断・統計マニュアル第5版，DSM-5』（医学書院），『精神疾患の診断・統計マニュアル第5版，DSM-5』（医学書院），『正常を救え―精神医学を混乱させるDSM-5への警告』（講談社），『精神疾患診断のエッセンス―DSM-5の上手な使い方』（金剛出版）など多数。

■訳者略歴

坂戸美和子（さかど・みわこ）

新潟県中央福祉相談センター（中央児童相談所・女性福祉相談所・知的障害者更生相談所・身体障害者更生相談所）勤務。
精神科・児童精神科医。日本精神神経学会専門医。
新潟大学医学部卒。熊本大学医学部大学院に社会人大学院生として在籍中。2006年より現職。
著訳書：『うつ病論の現在―精緻な臨床をめざして―』広瀬徹也，内海健編（分担執筆，星和書店，2005），『児童相談所における保護者支援のためのプログラム活用ハンドブック』（分担執筆，H24～25年度 厚生労働科学研究費補助金にて作成），『エビデンスに基づく子ども虐待の発生予防と防止介入―WHO児童虐待防止ガイド―』小林美智子監修（分担翻訳，明石書店，2011）

田村法子（たむら・のりこ）

公益社団法人日本精神神経学会 精神医療・精神医学情報センター勤務。
臨床心理士，社会福祉士。
慶應義塾大学文学部卒業。大正大学大学院人間学研究科，慶應義塾大学大学院医学研究科修了。精神科クリニック，国立精神神経医療研究センター認知行動療法センター勤務を経て，2014年より現職。
訳書：『専門家に相談する前のメンタルヘルス・ファーストエイド こころの応急処置マニュアル』ベティー・キッチナー，アンソニー・ジョーム著／メンタルヘルス・ファーストエイド・ジャパン編 訳（分担翻訳，創元社，2012），『子どものトラウマと悲嘆の治療―トラウマフォーカスト認知行動療法マニュアル―』ジュディス・A・コーエンら著／白川美也子，菱川愛，富永良喜監訳（分担翻訳，金剛出版，2014）

子どもの怒りに対する認知行動療法ワークブック

2015年7月15日 印刷
2015年7月25日 発行

著 者　デニス・G・スコドルスキー
　　　　ローレンス・スケイヒル
監修者　大野　裕
訳 者　坂戸美和子
　　　　田村　法子
発行者　立石　正信
発行所　株式会社 金剛出版
　　　　〒112-0005　東京都文京区水道1-5-16
　　　　電話 03-3815-6661　振替 00120-6-34848

本文組版　志賀　圭一
カバーデザイン　粕谷　浩義
印刷・製本　シナノ印刷

ISBN978-4-7724-1439-5　C3011　　　　　　　　　　Printed in Japan ©2015

好評既刊

Ψ金剛出版　〒112-0005　東京都文京区水道1-5-16　Tel. 03-3815-6661　Fax. 03-3818-6848
e-mail eigyo@kongoshuppan.co.jp　URL http://kongoshuppan.co.jp/

認知行動療法を活用した
子どもの教室マネジメント
社会性と自尊感情を高めるためのガイドブック

[著]ウェブスター−ストラットン　[監訳]佐藤正二　佐藤容子

子どものポジティブな行動に着目し，教師のやる気を引き出すための現実的なマネジメント指導書！　認知行動療法やSSTの手法を用いて実際に使える関係スキルの技術がやさしく解説される。また，子どもの教育的ニーズに応える際に，教師と親が協力する方法を指し示し，子どもの社会性や情緒的能力を高めると同時に攻撃性の改善を目的とする。3歳から8歳の子どもが在籍する教室で，現場の教師が学級マネジメントを円滑に行えるようにするための教師トレーニングの実践方法を紹介。　　　　　　本体2,900円＋税

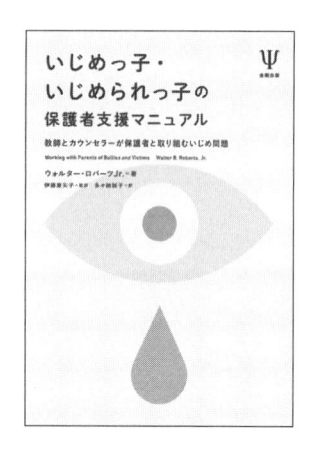

いじめっ子・いじめられっ子の
保護者支援マニュアル
教師とカウンセラーが保護者と取り組むいじめ問題

[著]ウォルター・ロバーツJr.　[監訳]伊藤亜矢子　[訳]多々納誠子

子どものいじめを知って感情的になる保護者，保護者の高ぶった感情に身構える教師。協力すべき両者が対立関係に発展することも稀ではない。本書で紹介される，教師やカウンセラーが今から使えるテクニックは，加害者／被害者としていじめに関わった子どもを救い，子どもが楽しく過ごせる学校を築く土台となる。保護者−教師−カウンセラーのパートナーシップと問題解決スキルを育てる「いじめ解決マニュアル」決定版！　　　本体2,600円＋税

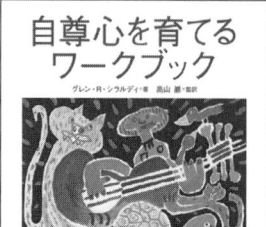

自尊心を育てるワークブック

[著]グレン・R・シラルディ　[監訳]高山巖

自尊心は，人間の幸福を決定する重要な要因の一つである。本書では，健全な"自尊心"の確立に不可欠な各要素をマスターするために必要なスキルの養成過程がシステマティックに解説される。多くのエピソードを交えながら，読み進むワークブック形式によって，読者は他者とかかわる力を育成することができる。また，本書にちりばめられた質疑応答のテクニックやスキルは，セラピストが認知行動療法面接を進める上でも実地に応用可能なものであり，これらを活用することで，抑うつ・不安，ストレス症状，他人への敵意を軽減することも可能になるであろう。行動科学と認知行動療法の原則に基づいた画期的な学習プログラムである。　　　　　本体3,000円＋税